80亿人口

[美]珍妮弗·D. 朔巴 著
（Jennifer D. Sciubba）

岳玉庆 译

8 BILLION
AND COUNTING
HOW SEX, DEATH, AND MIGRATION
SHAPE OUR WORLD

中信出版集团 | 北京

图书在版编目（CIP）数据

80 亿人口 /（美）珍妮弗·D. 朔巴著；岳玉庆译. -- 北京：中信出版社，2023.6

书名原文：8 Billion and Counting: How Sex, Death, and Migration Shape Our World

ISBN 978-7-5217-5554-1

Ⅰ.①8… Ⅱ.①珍… ②岳… Ⅲ.①人口－研究－世界 Ⅳ.①C924.1

中国国家版本馆 CIP 数据核字（2023）第 075562 号

8 Billion and Counting: How Sex, Death, and Migration Shape Our World by Jennifer D. Sciubba, PH.D.
Copyright ©2022 by Jennifer D. Sciubba
This edition arranged with THE MARSH AGENCY LTD & Aragi, Inc.
Through BIG APPLE AGENCY, Inc., LABUAN, MALAYSIA.
Simplified Chinese translation copyright ©2023 by CITIC Press Corporation
ALL RIGHTS RESERVED
本书仅限中国大陆地区发行销售

80 亿人口

著者：[美] 珍妮弗·D. 朔巴
译者：岳玉庆
出版发行：中信出版集团股份有限公司
（北京市朝阳区东三环北路 27 号嘉铭中心 邮编 100020）
承印者：河北赛文印刷有限公司

开本：787mm×1092mm 1/16 印张：16.25 字数：167 千字
版次：2023 年 6 月第 1 版 印次：2023 年 6 月第 1 次印刷
京权图字：01-2022-6704 书号：ISBN 978-7-5217-5554-1
定价：69.00 元

版权所有·侵权必究
如有印刷、装订问题，本公司负责调换。
服务热线：400-600-8099
投稿邮箱：author@citicpub.com

献给曾经教过我的所有老师,特别是我的妈妈和启蒙老师

目录

前言 / 3

第一部分　生育、死亡和移民

第一章　从摇篮开始 / 3

第二章　灰色黎明 / 34

第三章　10 亿种死亡方式 / 68

第四章　迁移中的人 / 98

第二部分　人口趋势如何塑造世界

第五章　战争和"子宫战争" / 129

第六章　马尔萨斯和马克思 / 155

第七章　全球人口的未来 / 179

致谢 / 199

参考文献 / 201

前言

公元1年，地球上生活着大约3亿人，这些人只占此前累计出生的470亿人口中的一小部分。对这些早期的人类祖先而言，生活"贫困、污秽、野蛮而又短暂"。在原始社会，妇女在短暂的一生中可能平均生育超过4个孩子，许多妇女尚未结束育龄期便已经被饿死。多达一半的婴儿不幸夭折，出生时预期寿命只有10岁。恶劣的生活条件和肆虐的疾病遏制了人口增长，其他物种也存在相似情况。但是人类在所有物种中是独一无二的，随着社会的进化，我们开始积累征服自然的知识。1750年的人口总数不到当时地球上出现过的总人口的1%。今天全球已经有80亿人口，占地球上出现过的总人口1080亿的8%。显然，在"从摇篮到坟墓"的整个过程中，有一股巨大的力量一直在影响人类，这股力量丝毫没有减弱的迹象。

如果要讲20世纪人口变化的故事，那么就要讲到人口呈指数级增长。从人类诞生一直到1804年左右，地球上的人口首次达到 10 亿。19 世纪并没有增长太多人口，但是在 20 世纪的 100 年里，世界人口从 16 亿暴增到 61 亿。

21 世纪的故事，与其说是关于人口呈指数级增长的故事，不如说是关于差异扩大的故事——世界上最富裕和最贫穷的国家之间存在鸿沟。人类已经取得了惊人的进步，而世界人口仍在以前所未有的方式发生变化。今天，地球上的人口比以往任何时候都多，人口老龄化程度历史最高，富国和穷国之间的预期寿命差距最大。

这些人口趋势不仅令人颇感兴趣，而且能够让我们深入了解世界上一些最紧迫的问题。在了解人口趋势以前，我们最好弄清楚暴力与和平、压迫与民主、贫困与繁荣背后的驱动力是如何在全球范围内发挥作用的。阅读本书你会发现，就发展与冲突问题而言，地球上有多少人并不重要，重要的是他们在哪里生活、他们是谁。由此可见，不管人口增长或下降是出现在全世界，还是集中在局部地区，人口统计的结果都会与政治、社会或经济紧密地联系在一起。

国与国之间的生育率和死亡率差距到底有多大呢？平均来说，世界上最不发达国家每分钟有 240 个婴儿出生，而发达国家每分钟只有 25 个婴儿出生。[①] 如果前往日本农村的中心地带，我

---

① 除非另有说明，本书提供的人口数据均引自联合国《世界人口展望（2019 年修订版）》，或者根据它计算得出。

们将会看到许多白发老人——50%的日本人口超过48岁，成为世界上平均年龄最大的国家。近年来，日本的老龄化速度异常惊人，如果按照目前的趋势，这个国家最终可能会消失。日本官方曾预测，2060年的日本人口将从2010年的1.28亿减少到8 700万。到那时，日本65岁及以上的人口比例将达到惊人的40%。这在人类历史上是前所未有的。

然而，如果去尼日利亚拉各斯拥挤的城区，我们听到的可能都是儿童玩耍嬉闹的声音。尼日利亚的人口年龄中位数为18岁，属于另一种极端。尼日利亚人至少有一半是儿童和青少年。这个庞大的群体很快就会生育子女，他们当中年龄大的已经当上了爸爸或者妈妈。尼日利亚不仅年轻人多、生育率高，同时也是非洲经济增长的引擎，更是宗教极端势力"博科圣地"的活动范围。尽管尼日利亚是世界上婴儿死亡率最高的国家之一，但是到2050年，它的人口将超过4亿，是今天的2倍，并且会超过美国。

21世纪的世界人口仍在继续增长，但令人震惊的是，98%的增长发生在尼日利亚这样的欠发达国家。表0-1显示的是2000年、2020年和2050年人口排名前10的国家。在这50年中，曾经的发达国家掉出了名单。美国是例外，直到最近，它的生育率仍然接近更替水平，而且还接收了大量移民。到2020年，日本已经跌至第11位。2050年，刚果民主共和国和埃塞俄比亚将取代俄罗斯和墨西哥，这意味着全球人口重心将发生明显的地理转

表 0-1　2000 年、2020 年、2050 年人口排名前 10 的国家

排名	2000 年 国家	人口（百万）	2020 年 国家	人口（百万）	2050 年 国家	人口（百万）
1	中国	1 283	中国	1 439	印度	1 659
2	印度	1 053	印度	1 380	中国	1 364
3	美国	282	美国	331	尼日利亚	411
4	印度尼西亚	212	印度尼西亚	274	美国	390
5	巴西	175	巴基斯坦	220	印度尼西亚	322
6	俄罗斯	146	巴西	213	巴基斯坦	307
7	巴基斯坦	139	尼日利亚	206	巴西	233
8	孟加拉国	132	孟加拉国	165	孟加拉国	202
9	日本	128	俄罗斯	146	刚果民主共和国	198
10	尼日利亚	122	墨西哥	129	埃塞俄比亚	191

移。显然，在这半个世纪中，欠发达国家的人口将大幅增长。即使印度的生育率有所下降，从现在起到 2050 年，印度即使生育率下降，它的新增人口也会接近美国目前的人口。

全球人口趋势呈现出多样性，这意味着我们需要改变思考角度。人口压力使一些本已面临治理不善、内战和环境破坏等问题的地区雪上加霜。即使出现最好的情况，拥有一个和平的未来也是可望而不可即的。当压力超出极限时，一些国家就会受到影响，比如难民潮或者恐怖袭击。

刚果民主共和国的人口以每年超过 3% 的速度增长，但人均国内生产总值（GDP）只有 580 美元。腐败和侵犯人权的现象猖獗，反政府武装煽动暴力，特别是在东部和南部省份。这种状况产

生了两种后果：一是儿童兵的使用成为可能；二是人们被迫离开故土，甚至流落到异国他乡。刚果民主共和国的人口接近9 000万，仅2019年就有167万人流离失所。索马里的人口增长率和刚果民主共和国差不多，年轻人很少能找到好的工作。随着绝望的年轻人寻找归属感，宗教极端势力很可能会不断壮大。

撒哈拉以南非洲地区并非唯一一个需要担心人口快速增长的地区。在中亚，阿富汗的人口增长了85%——从2001年美国入侵之初的2 100万增长到2020年的3 890万。面对人口暴增的压力，阿富汗能否承受得住？人口增长并非坏事，但是当社会机构甚至教育系统或经济无法承受更多人口时，整个社会都会感受到压力。阿富汗人在苦苦支撑，美国注定会失望。在美国入侵时期出生的阿富汗女孩，如今已经生育了自己的孩子，这令人感到惊讶。除了战争和身穿军装的外国士兵，年轻的妈妈们对外界的事情一无所知，但是几乎可以肯定，她们会把战争带来的创伤与美国联系在一起，而这种创伤需要几代人的时间才能抹平。在也门，西方军队经常宣称他们用无人机袭击了"基地"组织，尽管如此，每天仍有3 000名儿童在贫困家庭出生。也门人不仅要提防枪炮的袭击，还要预防细菌感染，因为这里每天因感染霍乱致死者高达5 000人。社会动荡不安，既有武装冲突，也有公共卫生危机。也门等几十个高生育率的国家似乎注定摆脱不了动荡的人口命运。

然而，正如我们将看到的，人口趋势既可以揭示动荡的世界，也可以呈现繁荣与和平。从20世纪60年代到90年代，东亚生育率迅速下降，导致青年工作者增加，人均收入也相应提高，同时需要抚养的儿童少了，家庭和政府便可以为他们投入更多资源。一些经济学家估计，亚洲人口结构的转变对东亚经济奇迹的贡献率在33%～44%，这一经济奇迹使东亚一跃成为今天的经济发达地区。

人口结构变化还会引起政治变革。在2011年爆发"阿拉伯之春"以前，突尼斯的年龄结构逐渐变得与20世纪90年代中期的韩国相近。2010年，突尼斯年轻人占比明显较高，与1993年韩国的情况几乎相同，两个国家的年龄中位数也几乎相同。与此同时，突尼斯的政治革命进程也与韩国的政治变革如出一辙。现代韩国进入了发达国家行列，发动政治变革后的突尼斯也启动了"民主实验"。在一些人口学家看来，随着生育率降低、年龄结构日趋成熟，突尼斯有望维持发展。这一点与非洲其他国家不同。

尽管突尼斯和韩国有相似之处，但埃及和韩国的人口命运却有明显不同。2008年6月9日，埃及前总统胡斯尼·穆巴拉克在埃及第二次全国人口大会上发表演讲，指出1960年的埃及人口和韩国人口都在2 600万左右，但此后两个国家走向了截然不同的命运。穆巴拉克呼吁政府应更多关注控制人口增长。穆巴拉克发表讲话的那一年，韩国的人口增长到4 800万，而埃及的人口却增长了两倍多，达到8 000万。韩国不断发展、欣欣向荣，而穆巴拉克则认为埃及人口和资源失去平衡，因此指责人口增长阻碍了经济发展并造成社会不稳定。

如何解释富裕国家和贫穷国家之间人口趋势的巨大差异呢？其中一个原因是，世界最贫穷国家的生育率仍然居高不下。这些国家正处于人口学家所说的人口转变的早期阶段——从高生育率、高死亡率向低生育率、低死亡率转变。

在人口转变的第一阶段，生育率和死亡率都很高。二者相互抵消，所以总人口不会增长太多。这就是为什么仅仅在两个世纪之前，地球上只有10亿人，但是在人口转变的第二阶段，随着卫生防护措施的改善和死亡率的下降，人口增长速度往往会加快。在第三阶段，随着生育率稍稍下降，人口增长速度有所放缓。到第四阶段，由于生育率和死亡率稳定在较低水平，人口整体增长速度大幅放缓。最近，显著的生育率下降发生在中东地区，总和生育率（TFR，即按照目前趋势某个国家或地区每名妇女一生中平均可能生育的子女数量）从1995年每个妇女生育4.12个孩子下降到2020年的2.93个。人们普遍认为，处于更替水平的总和生育率是每个妇女大约生育2.1个孩子：一个替代父亲，一个替代母亲，剩下的0.1覆盖的是没能存活到育龄期结束的女性的数据。[①] 2020年，有87个国家的总和生育率低于这个水

[①] 为方便起见，本书采用的总和生育率为2.1，小数点后的"0.1"实际上取决于国家的发达程度。在发达国家，更多的女性能够活到生育年龄，因此真正的更替水平可能低于2.1；在欠发达国家，更替水平可能超过2.1。

平，并出现了人口老龄化。2015—2020年，拉丁美洲和加勒比地区的总和生育率低于更替水平，几乎是40年前的一半。本书主要使用估算得出的总和生育率，因为这是一种捕捉各国生育模式差异的有效参考，否则我们很难比较这些几乎没有共同点的生育模式。

在20世纪的大部分时间里，尽管不同的国家或地区到达人口转变第四阶段的时间各不相同，但是全世界所有国家都在沿着同一条道路走向最终的人口老龄化。

直到一个时间点，人口老龄化的步伐才会停下。

今天，对于世界上一些最贫穷的国家来说，人口转变似乎已经停止。虽然正如图0-1所示，大多数欧洲国家和亚洲国家已经完成这一转变，但是仍然有相当多的国家拥有非常高的总和生育率。特别是撒哈拉以南非洲的一些国家，似乎还没有开始转变，或者至多处于死亡率开始下降的第二阶段。在撒哈拉以南非洲地区，总和生育率在过去20年从5.88下降到了4.72，这比许多人口学家的预期要慢很多。因此可以推测，未来几十年该地区的人口仍然会大幅增长，而且年轻人的数量将有增无减。即使生育率有所下降，21世纪撒哈拉以南非洲地区的人口也将增长6倍，主要是因为中非和西非的生育率非常高。但是尼日利亚的高生育率并非人口快速增长的必要条件。实际上，每个妇女生育3个孩子的总和生育率意味着这一代人要比上一代人多出50%。如果生育率有所下降，那么这些国家的年龄中位数

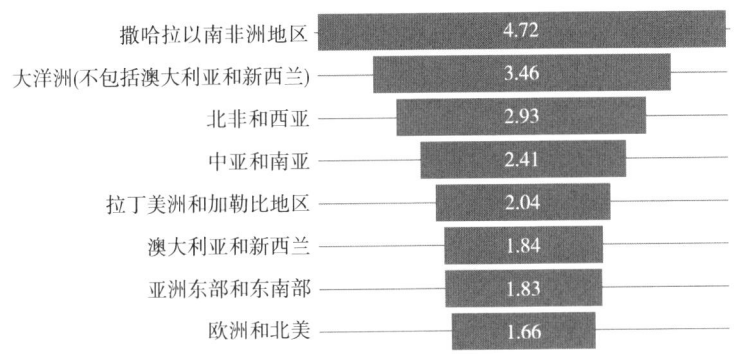

图0-1 2020年可持续发展目标地区的总和生育率

将在低位徘徊；如果生育率保持今天的水平，那么年龄中位数将更低。因此我重申 21 世纪的人口变化在一些国家是指人口老龄化和人口萎缩，在另一些国家则是指人口年轻化和继续增长。

综上所述，正确解读人口趋势至关重要。几年前，我在华盛顿特区准备做一次关于人口统计和人口策略的演讲，像往常一样，早上我在浏览推特（Twitter）时读到一篇美国军方分析中国人口结构的文章，作者认为人口趋势将限制中国挑战美国作为世界头号强国的能力。我一下子坐直身体：这种结论缺乏思考。如果政策制定者是在人口评估的基础上制定策略（很好，请多做这方面的工作），那么这种评估应该是经过慎重考虑，而不是未经思考的。对于正在评估风险的投资者来说，或者对于在帮助被世界遗忘的人的过程中倡导充分利用有限资源的人来说，道理也是相同的。对于人口统计与经济、政治或文化之间的联系，我们应该认真思考。在本书第一部分，我们单独研究人口趋势会获得许多认知；在本书第二部分，我们将会看到人口趋势并非孤立发生的，而且尽管就像本书第一部分介绍的，单独研究这些趋势会有收获，但是结合各种因素和背景来看，我们将会获得更多新的见解。

* * *

生育是生命的开端，而死亡是生命的终点。死亡是另一种导致人口巨大差异的重要因素。

2010年，海地发生了一场大地震，数百万人流离失所。但海地是一个穷国，几乎没有能力处理财产损失和灾民安置问题。联合国派遣维和部队前往灾区，提供急需物资和后勤保障。在此期间，霍乱肆虐，维和部队对此承担相应责任。

由于普遍贫穷和糟糕的卫生条件，霍乱迅速蔓延。海地遭遇双重灾难的打击，婴儿死亡率急剧上升，从2009年的81.5‰上升到了208.6‰，这足以说明海地婴儿的出生环境有多么恶劣。婴儿死亡率是衡量社会生活质量的一个有效指标，人口预期寿命也是如此。人口预期寿命是指出生后平均存活的年数。预期寿命能反映不同的死亡率，认识到这一点极为重要：如果一个社会的预期寿命很低，比如55岁，那么这并非在说这个社会没有人能活过55岁，而是说这个社会的婴儿和儿童死亡率很高。人口预期寿命可以作为一种估计或指标，而不是一种预测，它是衡量社会幸福程度的有效方法。在这次灾难期间，海地新生儿的死亡率和20世纪60年代撒哈拉以南非洲地区一样高，这反映出海地的生命是多么脆弱。海地至今仍在应对这次灾难造成的长期后果，当时遭遇健康问题的那群人，随着年龄的增长，越来越受到疾病的困扰。不幸的是，海地遭受的冲击还有更多，比如2021年8月就发生过一次7.2级地震。

在世界范围内，预期寿命的差异在很大程度上反映的是整体状况：撒哈拉以南非洲地区的预期寿命是世界上最低的，比欧洲和北美整整低了18岁（见图0-2），而且几乎与生育趋势背道而驰。

海地的人口预期寿命只有64岁，处于较低水平，但对于一

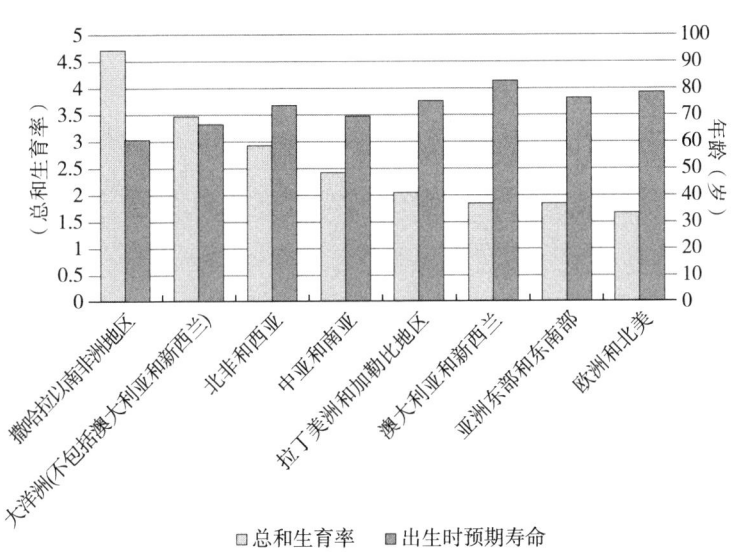

图0-2 2020年可持续发展目标地区的总和生育率以及人口预期寿命

个最不发达国家来说，这并不奇怪。值得注意的是，几个富裕国家（比如美国）的预期寿命在2015年前后有所下降。研究人员将这一变化归因于疫情造成死亡人数激增，其中以老年人居多。这是自第一次世界大战和西班牙流感在美国造成67.5万人死亡以来，美国人口预期寿命首次下降。何塞·曼努埃尔·阿武尔托及其同事的初步研究表明，由于新冠肺炎疫情造成太多人死亡，许多富裕国家的预期寿命在2019—2020年间开始下降。在他们研究的29个国家（除了美国和智利以外，大多是欧洲国家）中，有27个国家的人口预期寿命出现下降，美国和保加利亚的男性预期寿命降幅最大。撇开新冠肺炎疫情不谈，美国人口预期寿命在疫情之前就已呈现下降趋势。总的来说，随着时间的推移，预期寿命只会提高。

人口统计学家吉姆·厄彭和詹姆斯·沃佩尔在研究人口预期寿命的数据时，发现了这种上升趋势。他们注意到，以长寿闻名的日本女性的预期寿命正以一种可预测的上升模式增长。其实他们注意到的是这样一种现象：在过去的160年中，人均预期寿命创纪录地以每年3个月或者每10年2.5年的速度稳步增长。这种增长趋势会持续吗？人均预期寿命是否存在上限？2020年在日本出生的女性预计能活到87岁，是世界最高的平均寿命；预计到21世纪中叶，日本女性的预期寿命将达到94.5岁，这种预期合理吗？

我们很难把握预期寿命的增长趋势，同样，对于不到一个世纪之前的学者来说，要理解人均预期寿命超过 65 岁也很困难。65 岁是 1928 年路易斯·都柏林预测的年龄上限，日本女性预期寿命的趋势表明，今天的发达国家已经将这一上限远远地甩在了身后。尤为值得注意的是，正如厄彭和沃佩尔所强调的那样，线性趋势并没有放缓。1950 年，全球预期寿命不到 47 岁，而今天，男性的预期寿命为 70.81 岁，女性为 75.59 岁。

从个人层面看，预期寿命反映的是我们能活多久，但是从社会层面看，预测预期寿命却有助于政府和企业对养老金、医疗保健等大额支出进行长远规划。到目前为止，人均预期寿命最高时一直保持在 100 岁以下；然而，由于大多数发达工业国家的生育率几十年来一直在急剧下降，这些国家的人口逐渐老龄化，从而改变了年轻人和老年人的比例。是什么原因导致预期寿命发生重大变化呢？国家处于人口转变的早期阶段时，通常是发展相对欠发达的时期，随着婴儿和儿童健康状况的改善，预期寿命会逐步提高。例如在 20 世纪下半叶的中国，入学率提高（意味着受教育的父母更多）在很大程度上降低了婴儿死亡率，中国成为历史上预期寿命增长最快的国家之一。随着经济的发展，中国人的寿命越来越长，从 20 世纪 40 年代预期寿命 35 岁左右，到 1957 年的 56 岁和 1981 年的 68 岁，再到 2020 年的 77 岁。

洗手等日常卫生习惯的改善，对提高预期寿命和生活质量也非常重要。环境卫生、教育、基础设施、营养和保健服务都是现代社会的标志,这些方面的改善对早期预期寿命的提高产生了巨大影响。基本医疗和公共卫生服务的改善也在以某种方式帮助人们延长寿命,而这些方式并未体现在人口预期寿命上。一个婴儿过完第一个生日,预期寿命就会增加;5岁的孩子也是如此,以此类推。5岁时的预期寿命通常高于出生时的预期寿命,同样,65岁时的预期寿命通常高于5岁时的预期寿命,因为如果一个人能活到65岁,这就表明他具备某种优势。从理论上讲,多活一年就会得到"奖赏"(在某种程度上可以这样认为)。美国社会保障管理局的人口生命表显示:活到40岁,预期寿命将达到85.3岁;活到70岁,预期寿命将达到89岁。希望真会如此。

预期寿命揭示了许多社会状况——它和寿限不一样,寿限更多是对人体极限的一种生物学测量。1997年法国女子雅娜·卡尔芒在122岁零164天的高龄去世,这个寿限创下了当时的世界纪录。[①] 再次提醒注意,当时是1997年。我们不确定年龄是否存在上限,但是一些研究人员认为卡尔芒已经达到年龄上限,因为她是在20多年前创下的这一纪录。与人均预期寿命不同,寿限没有呈现

---

① 关于雅娜·卡尔芒是否创下该纪录存在一些争议,但是如果是假的,我的观点就得以被证实。参见 https://www.newyorker.com/magazine/2020/02/17/was-jeanne-calment-the-oldest-person-who-ever-lived-or-a-fraud。

线性上升趋势。似乎确实存在生命极限：肉体最终会消亡。虽然医学技术有可能将人类寿命延长到超越今天的极限，但是在目前看来，这更像是科幻小说中的情节，不一定会照进现实。

发达国家和欠发达国家之间的人口预期寿命差距和生育率差距一样大。尽管存在差距，但是在全球范围内，预期寿命仍呈上升趋势。19—20世纪，世界预期寿命翻了一倍多，男性从大约25岁提高到大约65岁，女性从大约25岁提高到70岁。在过去的一个半世纪中，预期寿命每10年增加约2.5岁。从表0-2中也可以看出这一趋势：在今天人口预期寿命较低的国家，增长速度将会有所加快。不过，这些增幅并非自然产生的。重要的是，我们要不断提醒自己：怎样才能保持增长呢？

表0-2　10个主要国家的人口预期寿命（中等水平变量）

国家	2015—2020年	2030—2035年
日本	84	86
德国	81	83
美国	79	81
中国	76	79
伊朗	76	79
巴西	75	78
俄罗斯	72	74
印度	69	72
南非	63	67
尼日利亚	54	58

* * *

下面通过另一种方式对比富国和穷国之间的人口差距。图 0-3 显示了人口学家所说的人口金字塔（过去这类图通常是金字塔形状的），也叫人口树（现在出现了多样化趋势）。右横轴代表女性，左横轴代表男性，以 5 年为一个单位，所示年龄从 0 岁到 100 岁及以上。我们可以看到，2021 年日本的人口数据已经显得"头重脚轻"，28% 的人口年龄为 65 岁及以上。

我从 21 世纪最初十年开始研究人口老龄化，当时很少有学者关注这个问题，因为它基本上是一种新现象。人口正增长和相对较高的出生率是常态，我们从未见过像日本如今这样的人

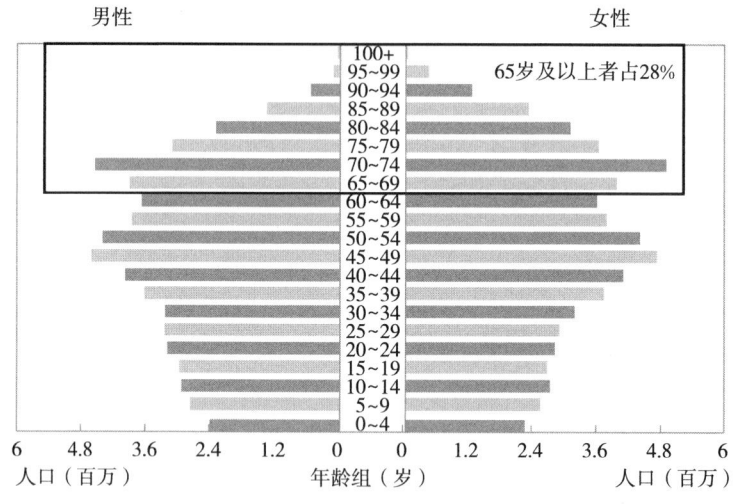

图 0-3　2021 年日本的人口金字塔

口年龄结构。但是时至今日，老龄化现象已经不再是新鲜事。老龄化已经加快并且呈现多样化，不再局限于西欧和日本。从表0-3所列名单可以看出，这些老龄化国家的地理分布、政治制度、经济实力、文化传统各不相同。这是我们未来几十年需要关注的问题。这种老龄化国家的多样性如何考验我们目前对老龄化的认知呢？我们可以将日本和西欧作为21世纪人口老龄化的典型吗？现代经济理论的形成、讨论和检验都发生在人口似乎无限增长的时期，或者至少是在无法预见劳动力因人口老龄化而永久萎缩的时期。是什么因素促使经济变得强大呢？面对新的人口现实，我们需要对此重新进行评估，并形成新的认知。

表0-3　2035年人口年龄中位数排名前10的国家

国家	年龄中位数（岁）	国家	年龄中位数（岁）
日本	52.4	斯洛文尼亚	49.6
意大利	51.5	德国	49.6
西班牙	51.5	韩国	49.4
葡萄牙	50.6	波斯尼亚和黑塞哥维那	49.2
希腊	50.6	新加坡	48.8

一方面是人口极端老龄化，另一方面是人口极端年轻化。图0-4是2021年尼日利亚的人口概况。我们看到人口学家过去所称的人口金字塔如今正呈现相反的结构。从日本和尼日利亚两个国家的生育模式可以看出为什么它们的年龄结构恰恰相反。尼日利亚妇女一生中平均生育超过5个孩子，而日本妇女则低于1.5个。

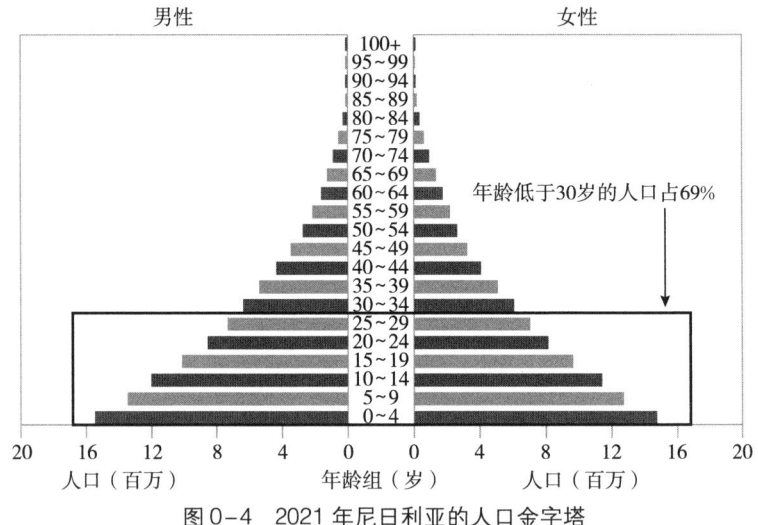

图 0-4 2021 年尼日利亚的人口金字塔

由于这种高生育率，2021 年尼日利亚超过 2/3 的人口在 30 岁以下，占到 69%。人口学家发现在人口年轻化的社会树立威信通常困难重重，这种情况不难理解。不过，尼日利亚不是世界上人口最年轻的国家。这一"头衔"属于尼日尔，2020 年它的年龄中位数只有 15 岁。

日本和尼日利亚属于两个极端，但是它们并不能反映 21 世纪人口趋势的全部情况。那么介于两者之间的国家呢？

一个典型的国家就是中国。从图 0-5 的上图可以看出，2021 年中国的人口年龄结构看起来既不像日本也不像尼日利亚，大部分人口处于整体年龄段的中间部分。的确，2021 年中国 64.5% 的人口处于劳动年龄。工作人口多，被抚养的人口少，这种情况看起来很好。我在撰写本书时，用谷歌搜索"中国人口"

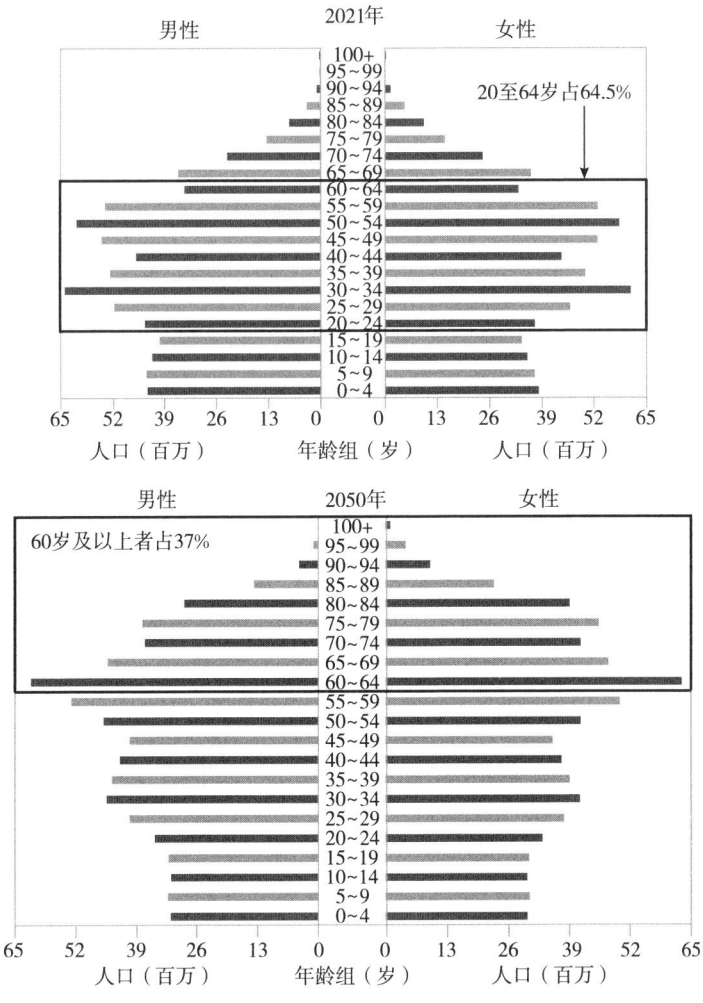

图 0-5 2021 年中国的人口金字塔和 2050 年的人口预测

来测试网络热度,搜到的靠前的结果是什么呢?"中国的人口政策现在正在成为问题,而不是成为解决方案"(《赫芬顿邮报》);"中国当前的挑战是应对人口老龄化"(《大西洋月刊》);"令人震惊的人口危机"(《经济学人》,文章提到了中国的人口老龄化问题)。似乎随便拿起一份时政类或经济类刊物,你就会看到"中国将成为世界上第一个'未富先老'的国家"。事情就是这么简单吗?人口老龄化是否预示着中国将面临国际地位下降的局面呢?

为了回答这些问题,我们再来思考一下我们是如何解读人口概况的。每一次人口统计快照不仅能反映现在的情况,还能反映过去和未来的情况。今天30岁的人在二三十年前还是孩子,再过20年他们就50岁了。人口统计能够揭示过去,因为正如我们将在书中看到的那样,当我们明白如何解读人口趋势时,我们就能深刻认识世界各地的政治、经济和社会动态。人口统计能够让我们获得对和平与冲突、繁荣与萧条的新的认知。

但是,仍然有许多内容是人口年龄结构图无法反映出来的,比如中国正在走向老龄化。我们可以相对确定地认为,到2050年,中国超过1/3的人口将超过60岁。这到底意味着什么呢?如果2050年中国的平均退休年龄更接近今天的日本(71岁)而不是法国(61岁),那么结果会怎样呢?如果用方框突出中国的老年人口,我们就需要改变方框的界限。我们发现,平均而言,只有21%(70岁及以上)而不是37%(60岁及以上)的中国人口将失去劳动力。我们无法从人口年龄结构图上看出中国将GDP的4.1%用于支付老年人的养老金,经济合作与发展组织(OECD)测算的这一数值是8.8%。就拿老龄化的日本的人口年龄结构图来说,它也没有告诉我们关于关爱老年人的文化、保障老年工作者权益的法律或者日本选民对退休改革的支持程度等信息。

俄罗斯是另一个人口负增长（人口正在减少）的国家。它与刚果民主共和国这类国家截然不同，后者每年的人口增长率超过3%。美国的决策层有种声音，说老龄化敲响了俄罗斯国家安全的丧钟。2005年我在五角大楼工作，大家认为俄罗斯"人口结构极其糟糕"，便干脆不把它放在眼里。当时媒体上也发表了很多相关的文章，有的标题是"俄罗斯人口减少堪比炸弹"，有的标题是"难以置信的人口萎缩"。当时正是俄罗斯人口萎缩的严重时期。在21世纪的前五年，俄罗斯人口减少了0.4%，相当于每年减少近50万人。在2009年，美国前国防部长罗伯特·盖茨甚至写道："美国无须再担心俄罗斯，因为人口结构将决定它的命运。"这让我想起推特上关于中国人口结构的那篇文章，它让我担心这样下结论为时尚早。

回到今天来看，我们会发现人口萎缩和老龄化并未使俄罗斯受到影响，国防开支仍在增加。人口萎缩和老龄化也不能使我们预测到乌克兰、叙利亚、也门发生的军事行动。网络战成为应对人口老龄化的一种有效措施。俄罗斯的总和生育率甚至出现了小幅回升，减缓了人口萎缩的速度。评估人口趋势也需要考虑到这一点，参见第二章的有关内容。

* * *

下面进行一次提问：你认为现在世界上有多少人生活在异国

他乡？（1）20%～22%，（2）11%～12%，（3）2%～4%。

如果回答的是 2%～4%，那就答对了。如果选择另外两个答案，也并不奇怪。每天世界各地的报纸都在报道难民危机，发表关于移民抢走工作机会的尖刻评论，讲述文化冲突，让我们以为难民实际数据要高得多。但是，在过去的 50 年中，2%～4% 这个范围是相对稳定的。除少数几个国家外，国际移民对一国人口变化的影响远小于出生率或死亡率。

然而，在某些国家或地区，移民会明显改变局面。毫无疑问，没有任何人口趋势能比移民更快地改变一个社会的结构。相比之下，生育率和死亡率对社会结构的改变则较为迟缓。2011 年内战爆发后，大批叙利亚人逃离家园就是一个典型的例子：当年 12 月，有 8 000 名叙利亚难民在联合国难民事务高级专员公署（UNHCR，简称"联合国难民署"）进行了登记；4 年后，叙利亚 1 850 万人口中有 450 万人进行了登记。

叙利亚并非个例。截至 2020 年，全球流离失所的人口超过以往任何时期——有 8 000 万人之多。令人遗憾的是，以往的经验并没有迫使我们拿出解决方案，而今天的挑战也一直难以应对。后冷战时期冲突不断增加，导致流离失所者长期待在异国他乡——从 20 世纪 80 年代平均 8 年上升到了现在的 20 年。另一个挑战是，全球 50% 以上的难民年龄在 18 岁以下。总的来说，世界上每 97 人中就有一人是难民、国内流离失所者或寻求庇护者，占比接近 1%。

一些地区深受战争、灾难和政治压迫之苦，不管是哪一种情况，都会迫使人们背井离乡。截至2017年3月，也门、索马里、南苏丹和尼日利亚等国家深陷冲突泥潭，共有2 000万人面临饥荒。联合国估计高达80%的也门人（超过2 400万人）需要援助。2017年短短的两个月内，有48 000人逃离了沙特阿拉伯和伊朗。在尼日利亚，战争导致37 500人死亡、290万人流离失所。多年来，委内瑞拉的经济和政治危机逐渐缓解，但在2014年之后却呈现加剧态势，引发了当地历史上最大规模的难民潮，从2014年到2020年，申请难民身份的委内瑞拉人暴涨了8 000%。

今天，全球流离失所的人口数量极为庞大，但是难民只占世界移民的一小部分。大多数移民移居的目的在于距离家人更近，寻找更好的工作或教育机会，甚至只是前往气候更温暖的地方。由于全球人口逐年增加，移民的绝对数量比以往任何时候都要多——大约是2.72亿人。需要注意的是，在大多数国家，移民对一国人口变化的影响远远小于出生率或者死亡率，但是在某些国家，移民明显改变了人口的整体情况。2019年，2/3的移民集中在20个国家，超过一半的移民集中在10个国家。美国接收的移民人数最多，接近4 500万，其次是德国、沙特阿拉伯和俄罗斯，为1 200万~1 300万。有意思的是，海湾国家拥有世界上最多的外国出生人口，卡塔尔的比例是78%，科威特的比例是72%，巴林的比例是45%。这些人大多是来自南亚次大陆等国家的临时移徙工人，而不是永久定居者，因此移民主要影响这些国家的经济动态，而不是更广泛的政治或社会动态。在土耳其、约旦、巴勒斯坦、黎巴嫩和巴基斯坦，政治影响更为明显，这些国家拥有世界上最多的难民人口，它们一直在应对由此带来的经济和社会压力。

在经历了漫长的移民历史后，欧洲也努力适应大规模入境移民。欧洲接收的移民人数为8 200万，位居世界第二，仅次于亚洲的8 300万。2015年，平均每天有2 300多名移民为了逃离叙利亚等国的武装冲突和贫困而逃往希腊。2019年，欧盟27个成员国（不包括英国）的总人口增加了90万。令人震惊的是，这次人口净增长都来自移民。同一年，欧盟死亡人数比出生人数多出50万——自2012年以来，欧盟人口的自然变化一直是负增长。

人口结构变化正在引发巨大的政治变化，其中就包括欧洲国家极右翼政党的复苏。2016年，英国选民压倒性地宣称英国主权——尤其是控制本国边境、应对移民的能力——是至高无上的，而且尽管几乎所有人都认为脱离欧盟会损害英国经济，但是英国最终还是从欧盟收回了控制权。

另一种人口变化正发生在国家内部，即人口向城市大规模迁移。1800年，只有3%的世界人口居住在城市；到19世纪，只有14%的人口居住在城市；即使在1950年，全世界仍然只有30%的人口居住在城市；但是现在世界城市人口比例已经超过2007年的50%，达到55%。2007年时，35%的世界城市人口集中在中国、印度和美国这三个国家。今天，城市化程度最高的地区是北美，这里82%的人口生活在城市；其次是拉丁美洲和加勒比地区，占比达到81%；欧洲的这一比例为74%，大洋洲的比例为68%。大多数城市人口都呈现自然增长的态势（生育率高于死亡率），但是在城市化程度较低的地区则以农村人口移居城市为主。亚洲和非洲几乎占世界城市人口的90%，这是因为它们的人口总量大。其实，在亚洲和非洲，农村人口仍占很大比例，分别为50%和57%。

不过，"城市地区"的含义在世界各地有着较大的差别，即使在国家内部也是如此。对于城市地区，国际上没有标准定义。在博茨瓦纳，满足至少有5 000名居民并且75%的经济活动为非农业活动这两个条件，才有资格成为"城市地区"；加拿大的"城市地区"是指每平方千米至少有1 000名居民，人口密度在400人以上；日本将至少有50 000名居民的地区划为城市。由于存在这些差异，我们在使用城市化数据进行评估时，就需要仔细考量一些背景和细节。尽管人们心中关于城市化的印象各有不同，但是大城市并非常态。世界上几乎一半的城市居民居住在人口不足50万的地区，1/8的人口居住在人口超过1 000万的大城市。不过，这些大城市的绝对数量正在增长。再过10多年时间，世界将增加12个特大城市，总共达到43个左右，其中大部分位于发展中国家。人口超过2 000万的"超大城市"的数量也在增长。东京是世界上人口规模最大的城市，接近3 800万，其次是新德里，人口2 800万，这两个城市的人口仍然存在较大的差距。

发达国家和欠发达国家之间巨大的人口差距在城市化进程中表现得也很明显。实际上，低生育率国家的一些城市正面临人口下降问题。在未来 10 年左右，东京预计将减少 100 万名居民。相比之下，孟加拉国首都达卡是世界上发展最快的特大城市之一，也是人口最密集的城市之一。与东京光辉夺目的摩天大楼截然不同的是，2010 年一则凄凉的关于达卡的广播是这样说的："未来就在这里，它闻起来像燃烧的垃圾。"从 1990 年到 2005 年，每年有近 50 万人涌入达卡寻找经济机会，即使找不到，他们也会留下来搭建"迷宫般破旧的棚屋"，那里酝酿着污染和疾病。尽管城市和国民经济在很长一段时间内并行增长，但是一些研究人员认为，自 20 世纪 60 年代以来，情况已经发生了变化——首次出现了城市得以发展但经济并未增长的现象。一些人称，今天的城市化正在制造一个"贫民窟星球"。

* * *

人口结构看起来非常复杂，但是实际上只有三股力量在推动它发生变化：性、死亡和移民。更正式和更准确的说法是：生育率[①]、死亡率和移民。

[①] 由于人口趋势在很大程度上与生育有关，所以本书重点关注自然受孕的男女。因体外受精和其他辅助生殖技术而成功受孕的占比很小，所以我在书中很少提及。这些技术的意义在于在一定程度上延长了成熟女性的生育年龄，不过生理限制仍然存在。堕胎与生育相关而且非常重要，本书对此不发表任何评论。

我经常把生育率、死亡率和移民当成刻度盘，不同的组合会使刻度盘发生不同的变化，产生各种人口动态。在本书中，我们将看到这三个因素以不同的方式结合会导致整个人口发生不同的变化。随着生育率、死亡率和移民的刻度盘朝着不同方向转变，它们就会在规模、分布和组成等方面引起人口变化。我们已经讨论了人口分布，特别是人口集中在国家内部的情况，这里既包括农村地区，也包括城市地区。一个国家在世界舞台上的"重要性"通常与人口规模有关。庞大的人口意味着潜在的巨大劳动力和消费市场——如果14亿中国人都购买本书，那就再好不过了。人口规模也意味着人口越多，就越能动员更多的潜在兵力应对冲突。当然，人口规模不能决定一切。只有1 100万人口的古巴自第二次世界大战以来吸引了太多的地缘政治关注，人口只有将近2 600万的朝鲜也是如此。人口不是一个国家拥有权力的唯一来源，比如海湾国家就是通过有效地利用石油驱动经济来获得全球影响力的。尽管如此，大多数国家对人口的态度一直是"多多益善"。

人口数量并不重要，重要的是如何利用人口，这种说法似乎很有道理。尽管人口规模会产生重要的心理影响，但是正如我们将在本书第二部分看到的，人口规模并不是塑造影响力的唯一变量。

人口规模正在朝什么方向、以什么速度发生变化，是人口动态的重要方面。一些国家的人口不断增长，一些国家的人口停滞不前，还有一些国家的人口日益减少。生育率、死亡率和移民结合起来促成了这些变化。几十年来，加拿大的生育率一直低于更替水平，但是死亡率很低，而且外来移民多于移居国外的人，所以加拿大的人口呈现增长态势。相比之下，波斯尼亚和黑塞哥维那的人口正在减少，因为死亡人数超过出生人数，而且移居国外者超过外来移民。在许多老龄化国家，人口甚至出现小幅增长，主要的原因就是外来移民。

人口规模至关重要，但是不同程度的生育率、死亡率和移民导致的更引人注目的人口动态是人口结构的变化。在不同的社会，老年人和年轻人、男人和女人、不同种族的比例不尽相同，正是这些结构上的差异才在很大程度上使人口趋势对政治、经济和社会关系具有重要意义。

身份是构成人口结构的第一个方面，比如民族身份、种族身份和宗教身份。人口学家莫妮卡·达菲·托夫特曾指出，世界上只有不到200个主权国家，但是却有着数千个民族和种族。一些国家能和平处理国内分歧，而其他国家则会发生种族灭绝事件或陷入内战。

人口结构的第二个方面是性别。在大多数社会，女性比男性寿命长，所以在最高年龄段，女性通常远远多于男性。在海湾国家，男性成群结队地从南亚次大陆前往油田工作，导致劳动年龄人口的性别比严重失衡。在一些国家，比如印度，重男轻女观念导致女婴流产率高，新生婴儿性别比失衡。

人口结构的第三个方面是年龄。前面描述的人口转变发生在生育率和死亡率下降的时候。虽然初期人口都非常年轻，但是随着国家经历并最终完成人口转变，它们也会发生所谓的年龄结构转变。年龄结构转变是指从年龄结构年轻化向年龄结构老年化的转变（比如前面所述尼日利亚和日本之间的区别）。德国、日本、意大利、俄罗斯、韩国和美国在年龄结构转变的道路上已经走了很多年，这些国家的劳动年龄人口（20～64岁）已经达到顶峰。

相比之下，阿富汗的人口年龄结构转变才刚刚开始。阿富汗人口年龄中位数只有18.4岁，每个妇女一生中平均生育4.5个孩子。尽管过去20年来生育率迅速下降，但这些数据意味着近50%的阿富汗人口年龄在17岁以下。美国在考虑如何解决在阿富汗驻军导致的动荡问题时，还必须考虑人口增长带来的影响——在未来几十年人口增长对基础设施、教育、医疗保健甚至治理造成的压力。像阿富汗这种年龄结构非常年轻的国家，发生国内冲突的可能性要比年龄结构大一些的国家高出约2.5倍。另外，即使未来阿富汗的生育率有所下降，0～5岁的这个群体总有一天将奔向劳动力市场。当阿富汗人对就业、政治话语权甚至婚姻的期望得不到满足时，会发生什么事情呢？突尼斯、埃及和其他国家2011年之后的经历已经给出了答案。

年龄结构并不是唯一的问题。社会是由数代人塑造的。一代人或同一辈人，是指拥有共同人口统计经历的一群人。代通常是基于对人产生影响的历史环境（尤其是在人生关键阶段发生重大事件的时期）所"虚构"的名称。例如，日本的年轻一代一生都受到科技的影响；美国婴儿潮一代在青春期和成年早期受到民权运动、越南战争所引发的动荡的影响，而这正是形成观点和信仰的关键时期。用代来划分民众，让我们看到不同的年龄群体可能会有不同的经历或观点，因为各个群体都会有独一无二的特征。但是，代只不过是划分不同年龄群体的一种方式——人口也可以由特定的时期所塑造。一些历史事件或广泛的社会力量对整个人口会产生持久的影响，如"9·11"事件、南非种族隔离制度的结束或苏联解体等。最后，我们必须考虑独立于代或历史时期的特定生命阶段的影响。这种阶段被称为生命周期。我的孩子年龄很小，我和其他小孩子的母亲便有很多共同之处，这与我们的教育背景或社会经济背景并无多大关系。睡眠不足、频换尿布，就是我们的共同之处。

我们在政治行为中可以看到这些生命周期的影响。在欧美国家中，年轻人投票的可能性几乎总是远远低于年龄更大的人。在今天的美国，千禧一代参与政治的程度不如婴儿潮一代，但是婴儿潮一代年轻时，许多人也不参与政治活动。

* * *

要想讨论军事战略、经济增长、外交政策、公共卫生政策和其他一系列关键问题，我们都需要从人口开始。人是每个政治制度、经济制度和社会制度的基础，因此了解人口趋势及其政治、经济和社会影响，对全面认识世界非常重要。人口统计数据对社会凝聚力、价值体系或社会契约有什么影响呢？从很多方面来看，今天的世界人口与 50 年前甚至 20 年前已经迥然不同。尽管我们的技术不断进步，但是塑造世界的主要因素归根结底就是人口。正如本书将要揭示的，生育率和死亡率发生的重大变化已经深刻改变了人类的进程，移民和城市化将继续重塑人类针对他人和环境的自我组织方式。世界人口即将发生各种变化，因此决策者、企业、非政府组织的计划生育工作者都可以利用本书得出的结论，为未来做好准备。

随着世界人口达到 80 亿，人口统计数据成为人们关注的焦点。在世界各地，关于疾病、移民、种族、性别和退休的辩论占据了新闻头条。一场全球大流行颠覆了数十亿人的生活；英国投票决定离开欧盟，在一定程度上是因为移民问题；世界上第一个达到 10 亿人口的大国——中国，现在是老龄化最快的国家之一。如今，我们比以往任何时候都更需要了解人口趋势如何塑造我们的世界。第二次世界大战以来引领全球秩序的国家正面临前所未有的人口变化和挑战，与此同时，世界上最贫穷和最弱小的国家正因为人口和资源失衡举步维艰，它们人口太多，资源严重匮乏。未来 98% 的人口增长将发生在发展中国家，然而这些国家尚不具备应对这种增长的条件。

这些人口动态会改变我们的世界。在一个社会里，儿童数量是否远远超过老年人，是否有充足的卫生健康工作者或大量的移民，甚至男性是否多于女性，这些因素都会影响这个社会的政治、经济和社会关系，包括人们投票、工作和休闲娱乐的方式。人是消费者、生产者、污染者，也是士兵、人口贩运者、政治力量。为了了解自然环境、经济、安全环境或文化转变，我们需要明白这些消费者、生产者、污染者、士兵、人口贩运者和政治力量是谁。人口统计不能决定命运，但它是命运的重要组成部分。

我们如何利用人口统计数据来观察气候变化、促进经济增长和防范流行病呢？我们如何重新思考全球实力等指标呢？人口统计如何帮助我们为下一次军事威胁或预测未来移民带来的社会压力做好准备呢？我们将会看到，利用正确的工具，你可以训练自己像人口统计学家那样思考，并为将来发生的任何事情做好准备。

第一部分

生育、死亡和移民

第一章
从摇篮开始

1965年，罗马尼亚领导人尼古拉·齐奥塞斯库上台执政，此时罗马尼亚已经危机四伏。罗马尼亚经济正在衰落，而且急需更多工人。由于国家人口中86%是罗马尼亚人，齐奥塞斯库对引进劳动力左右为难，因为这可能会打破种族平衡。他认为国家需要更多的婴儿，但是罗马尼亚人却不愿意多生——生育率只有1.8，低于更替水平，这意味着劳动力短缺将会进一步加剧。齐奥塞斯库颁布法令禁止堕胎，派驻"月经警察"并要求45岁以下的妇女每月在工作场所接受妇科检查。他的严厉措施至少在短期内奏效了。罗马尼亚的生育率在短短一年内就增长了一倍多，平均每个妇女生育3.66个孩子。虽然劳动力短缺在短期内可能会持续，但是这些孩子很快就会长得身强力壮，可以从事田间劳作或者到工厂工作。

罗马尼亚的生育政策绝非公开干预家庭生活的唯一案例。在我们通过现代技术更好地控制生育之前，为了实现公共目标，国家机构就试图影响或者改变生育率——需要招募士兵或工人时，就号召民众多生孩子；想让经济快速增长、社会更加稳定，就号召民众少生孩子。研究生育率和人们对生育率的反应就像阅读童话故事《金发姑娘》一样——各国通常都认为生育率"太高"或"太低"，在它们眼里，很少有"恰到好处"的时候。从事经济增长或国家安全预测的专家在面对如此不同的模式和反应时，可能很难就高生育率或人口年轻化产生的影响得出结论。

世界人口大国印度与罗马尼亚的生育政策截然相反。在不同时期，英国殖民者、冷战时期的美国和印度精英都对印度人口的高速增长感到担忧。1952年，印度制定了一项节制生育政策，但是直到1966年英迪拉·甘地当选印度总理后，才开始严格实施这一政策。面对来自美国的压力，甘地决心限制印度人的家庭规模，第一年的目标设定为放置600万个宫内节育器，为123万人实施绝育手术。从1974年到1977年，印度大约实施了1 200万例绝育手术，其中大部分是男性，因为输精管结扎术既快速又廉价。和罗马尼亚一样，印度采取的措施是强制性的：拒绝绝育手术的教师可能会拿不到工资，需要灌溉的村庄如果达不到当地绝育政策目标，就有被切断水源的风险。英迪拉·甘地虽然是选举产生的，但是也采取了强制手段，哪怕遇到民众的抵抗。1975年6月，英迪拉·甘地宣布国家进入紧急状态，之后以高压手段统治国家，直到1977年她和国大党被赶下台。

可以说，印度的真正问题是贫困，而不是人口过剩。英迪拉·甘地和向印度政府提供贷款的国际机构都认为控制人口是经济发展的先决条件，但是正如我们在世界其他地方看到的那样，随着收入的增加，印度人很可能会更加喜欢自己的小家庭，而接受教育和自愿节育会帮助他们达成所愿。强制性政策往好了说是不必要的，往坏了说就会上升到道德层面。

随着人口状况和形势的发展，中国也制定过计划生育政策。1979年，独生子女政策开始实施。此前已经采取了一系列降低生育率的举措，独生子女政策是在较晚时期确立的。20世纪60年代，中国的城市地区已经开始早期的计划生育，但是直到20世纪70年代初，决策层将控制人口增长纳入国民经济发展计划后，独生子女政策才真正开始实施。政府提出的口号从"一个不少，两个正好，三个多了"转变为"晚、稀、少"。这些举措以及理想家庭规模的变化，使出生率降低了一半。独生子女政策推行后产生了重大影响，加速了生育率的下降趋势。

不同国家的生育水平有时是接近的，但是为什么会出现如此不同和如此强烈的反应呢？人口趋势本身并无好坏之分，但是人口确实会给住房、就业市场、学校、医疗保健甚至家庭结构带来压力，而国家往往把生育视为实现更积极目标的手段。研究表明，如果女性想生几胎就生几胎，从长远来看，这有助于国家变得更强大、更有保障，从而惠及整个人口。21世纪的人口统计差异清晰可见：在20世纪90年代，欧洲和非洲的人口规模大致相同；到 21 世纪末，预计地球上 1/3 的人口将生活在非洲。其中，大部分的人口增长将出现在撒哈拉以南非洲地区。目前，该地区的生育率是每个妇女平均生育 4.7 个孩子，即使这个数据有所下降，这里的人口也将继续快速增长，因为在未来 20 年将有大量人口达到生育年龄。人口增长并非一定会带来灾难，但在一些国家成为一种破坏和平与稳定的长期趋势。然而，赋予妇女自主生育权的政策需要比选举周期更长的时间才能看到结果。遗憾的是，这些政策几乎总是被高度政治化。像罗马尼亚、印度等国采取的措施对实现"理想生育率"并非必不可少，但在深入了解本质之前，我们有必要质疑客观上是否存在"理想生育率"这一说法。

* * *

人们通常认为女性的生育年龄是 15～45 岁，最高是 49 岁。可以说，生育子女的时间跨度很长，但是在这段时间内能够持续生育的女性越来越少。推迟妇女生育年龄，延长生育间隔，在自愿的基础上帮助妇女限制育龄期，这些都是降低生育率的有效途径。在世界各地，女性生育第一胎的平均年龄相差很大。在许多发达国家，女性直到 35 岁才开始生育，这意味着她们的生育时间可能会缩短至 10～15 年。相比之下，在许多发展中国家，女性很早就开始生育。平均而言，乍得女性在 18 岁时生第一胎（强调一下，这意味着许多女性是在 18 岁之前生第一胎的）；在斯里兰卡，生第一胎的平均年龄超过 25 岁。在较低年龄时生孩子会限制个人在家庭之外的发展机会，而且会使人均可用的家庭资源变得紧张。要推迟头胎生育年龄，一种方法是防止（或通过法律来限制）早婚，另一种方法是让女孩延长在校受教育时间，从而推迟组建家庭的时间。降低生育率还有一种更常见的方法，特别是针对低收入群体，那就是延长生育间隔。鼓励女性坚持母乳喂养到 2 岁，便可以推迟生育后的月经周期，从而缩短生育间隔（这种做法有时行之有效），包括避孕在内的其他计生方法也可以延长生育间隔。

当然，晚生育和延长生育间隔会降低生育率，但是从政策的角度来看，降低生育率可能是三者中最具挑战性的。毕竟，一个女人即使等到 24 岁才开始生孩子，然后每隔两年怀孕一次，在生育年龄结束之前，她仍然可以生至少 7 个孩子。在索马里 40～44 岁的妇女中，平均每 1 000 人生育 82.4 个孩子，阿根廷是 18.8 个，韩国是 4.7 个。晚生育并不意味着将"停止生育"提前。

在一些地区，向低生育率的过渡相对平稳。生育率下降最早出现在欧洲，但在 20 世纪下半叶，东亚和拉丁美洲的生育率也出现了大幅下降——亚洲从每个妇女平均生育 5.69 个孩子降至 1.82 个，拉丁美洲则从平均 5.83 个降至 2.49 个。从那时起，拉丁美洲和加勒比地区的生育率持续下降，仅略低于更替水平。然而，在撒哈拉以南非洲地区的许多国家，要想让人们自愿并切实做到少生孩子，事实证明是非常困难的。这些国家的生育率仅仅是略有下降，从1950年平均每个妇女生育6.57个孩子，到2000年的5.08个，再到2020年的4.16个。为什么会有这种差异呢？最根本的原因是，生活在撒哈拉以南非洲地区的人，总体上比拉丁美洲人或亚洲人更喜欢大家庭。这一点是从一系列人口与健康调查以及类似的调查中发现的。这些调查的内容涉及理想的家庭规模、想要多少个孩子、最近生孩子的意愿以及生育更多孩子的意愿。这些调查并不完美，因为受访者的回答有时会故意顺应调查人员的喜好，但是这些数据却得到了广泛使用。

是哪些潜在因素形成了这些偏好，而这些偏好又会如何变化呢？如何做到人们想要几个孩子就生几个孩子呢？总的来说，生活水平的提高、死亡率的降低以及教育水平的提高都使人们更愿意少生孩子。受教育程度越高，就越不想要孩子。例如，在津巴布韦，对那些受过中等或中等以上教育的女性而言，理想的子女数量平均是3.6个，而在那些没有受过中等教育的女性心目中，理想的子女数量平均是4.8个。没有受过中等教育的津巴布韦男人则喜欢要更多孩子——平均是5.3个。虽然我们知道中等教育有助于推迟结婚和生育，而且在世界大多数地区都是公平合理的，但是在中东、北非地区和撒哈拉以南非洲地区的一些国家，女孩的入学率低于男孩。性别也是一个因素：就像津巴布韦的情况一样，调查显示，男性通常比女性想要更多的孩子（尽管一旦想要的孩子总数降低，这种差异就会缩小或消失）。

就生活水平、死亡率下降和教育而言，撒哈拉以南非洲地区并没有多大改善，仍远远落后于其他地区，但是这里的理想子女数量要比其他发展中国家多一个。正如在前言所讨论的，我们几乎都知道未来世界人口的增长将发生在欠发达国家，其中大部分位于撒哈拉以南非洲地区。然而，不同地区的数据掩盖了重要的差异。南非、博茨瓦纳、吉布提和斯威士兰的生育率是每个妇女生育3个或少于3个孩子。在这些国家，鉴于目前的经济发展水平和儿童死亡率，实际生育率比我们预期的要下降得快。此外，在出生人数超过死亡人数（这里指自然增长，并非移民）的国家中，10个增幅最快的国家都位于撒哈拉以南非洲地区，它们是尼日尔、安哥拉、马里、乌干达、刚果民主共和国、布隆迪、索马里、冈比亚、坦桑尼亚和乍得。甚至连尼日利亚都不在这个名单上，它的人口到21世纪中叶将增长一倍以上，取代美国一直保持的人口排名世界第三的位置。2020年，刚果民主共和国的生育率排名世界第三，平均每个妇女生育5.96个孩子。从2020年到2040年，它的人口将增加74%，大约是6 500万人。乌干达的人口在2020年是4 570万，到2030年将增加到5 940万，2040年增加到7 450万。即使高生育率国家的生育率下降到更替水平以后，它们在未来二三十年仍然要面对庞大的同龄青年群体，这使青年群体表达不满的机会成本更低——无论是通过和平抗议还是武装叛乱去表达。这些国家的年轻人成为西方民主拥护者的可能性微乎其微。

大多数人口学家希望非洲能追随世界其他地区的脚步。也就是说，随着城市化和经济发展，非洲的生育率会下降。2004年，联合国预测到2050年世界人口将只有91亿；但是在2019年，联合国已经将预测结果改为97亿，而且还预测，到21世纪末，世界人口将接近110亿。这在很大程度上考虑的是撒哈拉以南非洲地区的高生育率。2019年联合国人口数据预测（在中等水平变量下），到21世纪中叶，非洲人口将达到25亿，到21世纪末将达到43亿。

由于人口转变的最新阶段在撒哈拉以南非洲的几个国家非常缓慢，一些人口学家将它们的人口转变概括为"停滞不前"。早期的预测是如何偏离目标的呢？

首先，他们高估了撒哈拉以南非洲的一些国家解决潜在的经济和社会治理问题的能力。这些难题无法克服，导致经济发展缓慢，生育率居高不下。由于殖民主义的影响，这里治理混乱，存在剥削性的经济关系。这些国家的独裁者紧握权力不放，很少能够从依赖于开采自然资源的经济，转向以制造业或服务业为主导的多元化经济。其次，即使非洲的经济发展速度更快，研究发现非洲的生育率仍然相对较高。美国纽约非政府间国际组织人口理事会的成员约翰·邦加茨发现："就某一特定发展水平而言，非洲的生育率更高，避孕药具的使用率更低，理想的家庭规模高于其他欠发达国家。"非洲普通民众和许多精英鼓励生育的倾向造成了这一差异。长期担任乌干达总统的约韦里·卡古塔·穆塞韦尼经常在支持生育和反对生育之间摇摆，他在2018年说："实际上，非洲的问题是人口不足，并非人口过剩。非洲的陆地面积是印度的12倍。"尽管乌干达的总和生育率为5.01，但是穆塞韦尼说得没错。坦桑尼亚的总和生育率和乌干达同样高，2018年坦桑尼亚总统约翰·马古富力表示，坦桑尼亚人应该停止避孕，国家需要更多人口。他担心采用更多避孕措施会导致国家面临人口老龄化的问题，并暗示外国人的避孕活动。虽然他认为坦桑尼亚最终会面临人口老龄化的观点是正确的，但是他们还处于人口转变的早期阶段，总和生育率为4.92，人口老龄化问题还是远在天边的事。最后，非洲一些国家之所以抵制节育政策，是因为一夫多妻制在当地比较普遍，文化传统以男性为主导。

非洲部分国家的这种态度阻碍了人口转变的进程，降低了数百万人的生活质量。当然，并非非洲所有国家都支持这种生育政策，而且许多国家在促进节育方面发挥了积极作用。总之，政策在生育率转变过程中至关重要，因为只有生活质量等结构性条件发生变化，人们对生育的偏好才会转变。没有政策层面的引领和推进，就不会出现教育和工作机会，也不会出现节育诊所。

* * *

晚生育、延长生育间隔、降低生育率旨在改变社会生育期望。改变男性和女性的生育偏好是问题的一方面，让人们能够按照自己的意愿生育则是问题的另一个方面。努力缓解贫困，改善教育质量，降低婴儿和儿童的死亡率，创造社会条件让妇女能够控制生育，从而改变人们偏爱的家庭规模……这至少令人感到眼前一亮——即使没有这些结构变化，生育政策也会产生重大影响。

一方面，要让人们在生育方面做到随心所欲，可以采用避孕措施。避孕需要技术。即使在古时候，那些想享受性爱但又不想怀孕的人已经开始使用阴道栓剂。有些栓剂可能起到杀精剂的作用，还有的使用类似树脂的东西堵住精子进入子宫。1844年，橡胶硫化工艺使避孕套得到了更广泛的应用。据说18世纪以"情圣"闻名的卡萨诺瓦就经常使用避孕套，他还把避孕套称为"英国骑马服"。当然，除了堕胎之外，在女性每个月最易受孕的几天避免性行为等自然避孕法也一直被人们采用。

另一方面，要保证避孕技术既简单可行，又费用低廉。但是在过去20年间，这方面收效甚微。世界卫生组织称："人们选择的方法有限，获得服务的机会不多，特别是年轻人、穷人和未婚者。部分群体害怕避孕措施会出现副作用，避孕遭到文化或宗教的反对，社会针对不同性别设置了服务障碍等。"尽管如此，还是有办法克服这些障碍的，哪怕是伊朗等国家。

伊朗周边都是生育率很高的国家，但是伊朗的节制生育工作开展得较早。尽管受到一些精英人士的抵制，还是迅速引领国家实现人口转变。从20世纪80年代末开始，伊朗建立了一种有效的免费避孕药具和咨询服务系统，结果使生育率在短短20年内从平均每个妇女生育5.5个小孩下降到生育2个小孩。即使是生育率最高的农村妇女，在一代人的时间里也从平均生育 8 个小孩下降到大约 2 个。实行生育政策是这些变化的关键。理查德·钦科塔和卡里姆·萨迪加布指出："到 2000 年，大约 90% 的伊朗人口都生活在生育服务点 2 000 米以内，政府设立的流动供货商定期为偏远地区提供服务。"众所周知，教育也在人们偏好小家庭方面发挥了作用——在伊朗，情况就是如此，因为伊朗政府鼓励教育，结果大学女生人数甚至超过了男生。

博茨瓦纳同样引人注目，因为它在降低生育率方面也取得了明显进步。生育服务始于 20 世纪 70 年代，并且随着时间的推移逐步完善。在博茨瓦纳，女孩中学入学率超过 90%，一半以上的妇女使用现代避孕方法。今天，博茨瓦纳的总和生育率约为 2.5，是撒哈拉以南非洲地区最低的国家，而这一地区的总和生育率是 4.8，接近博茨瓦纳的 2 倍。

一旦人口统计学家确定了人们偏爱的家庭规模（比如通过人口与健康调查），他们就可以将其与人们实际生育的子女数量进行比较，看看政策是否可以弥补这一差距。例如，女性到了生育年龄想停止生育，或者想等两年甚至更久再生育，但没有采取避孕措施。遇到这种情况，人口统计学家衡量的是"未满足的节制生育需求"；有些妇女目前正处于孕期或生产后不久，但是这次怀孕并不在计划之中，那么她们也属于这一类别。在过去几十年，育龄妇女采取避孕措施的占比大大增加：1960 年采取避孕措施的只有 10%，到 2000 年使用现代避孕方法的达到 55%，包括节育环、避孕药、避孕针、避孕套等。然而，最近的增长速度有所放缓。2019 年，全球有 19 亿育龄妇女，其中 11 亿需要节制生育。在这些妇女中，超过 76% 的人正在使用避孕方法，但是其他人的避孕需求没有得到满足。10% 的女性节制生育需求未得到满足，这个数据自 2000 年以来一直保持稳定。通常，全球数据这种指标非常有用，但是它掩盖了重要的国家间差异。在世界最贫穷的国家，15～49 岁的已婚女性中只有不到 15% 的人使用现代避孕方法，而在发达国家，这一比例高达 60% 以上。在利比亚，只有 24% 的已婚妇女对现代避孕方法的需求得到满足。在全球范围内，意外怀孕率呈下降趋势，但总体仍然很高——从 2010 年至 2014 年，44% 的人属于意外怀孕。在意外怀孕的人群中，有一半以上（56%）以流产告终，这一比例在发达地区（59%）略高于欠发达地区（55%）。在旨在改善经济发展的宏观政策中，解决生育服务差异的政策应该成为其中的关键内容。

* * *

当然，技术既可以赋能，也存在黑暗的一面。"失踪的女性"问题清楚地说明了性别偏好和技术发生冲突所导致的后果。如果自然生育的话，男婴数量略多于女婴，0～4 岁男女性别比的正常范围是 103～106。但是在出现人为干预时，性别比就会失衡。纵观历史，如果社会重男轻女，就会放任杀害女婴的行为，或者忽视女婴任其死亡。生育率下降和重男轻女观念带来的影响体现在不均衡的出生人口性别比上。比如对于重男轻女的家庭来说，如果一个家庭打算生一到两个孩子，他们就会竭尽全力生男孩（在一些文化中，儿子承担照顾年迈父母的主要责任）。他们借助技术会更容易做到这一点。超声波技术的出现可以分辨腹中胎儿的性别，而基因检测技术的进步使孕妇在怀孕几周后就可以通过血液查明胎儿的性别。重男轻女的家庭借助这两种技术，发现是女婴就选择流产，发现是男婴就等到足月时分娩。

中国是出生人口性别比失衡问题比较突出的国家之一：第三次、第五次、第六次人口普查数据显示，中国的出生人口性别比在1982年、2000年、2010年分别为107.2、116.9和117.9。但是，中国并不是唯一一个出生人口性别比失衡的国家。

出生人口性别比失衡问题不仅存在于亚洲，还存在于欧洲东南部、南美洲、大洋洲、中东附近和非洲。2020年，出生人口性别比达到或超过107的国家包括塞尔维亚、爱沙尼亚、苏里南、巴布亚新几内亚、塞浦路斯、萨摩亚和哈萨克斯坦。在国家层面，出生人口性别比似乎慢慢恢复均衡。21世纪初，亚美尼亚和阿塞拜疆的出生人口性别比为117，是世界上最高的。

需要强调的是，我们大多时候看到的都是国家层面的综合数据，按照生育胎次或者区域统计的数据可能差异更加明显。比如韩国，1990年第一孩的出生人口性别比为113.44，第三孩及以上的出生人口性别比达到惊人的192.22。2010年中国的出生人口性别比显示，城镇和农村之间存在明显的差距——城镇的出生人口性别比为118.33，农村为122.76。① 按照生育胎次得出的数据也是如此：在中国的城镇地区，第一孩的出生人口性别比为113.44，第二孩为132.18，第三孩及以上（这种情况很少见）为175.35。

新生婴儿性别比失衡，造成男性和女性人口规模存在显著差异。如图1-1所示，自20世纪90年代以来，中国和印度0～4岁的男孩远远多于相同年龄段的女孩。男性人数比女性人数多出7 000万（两个国家加起来总的数据），截至目前，这种影响主要局限于更年轻的人群，在多出的7 000万男性中，有5 000万年龄在20岁以下。

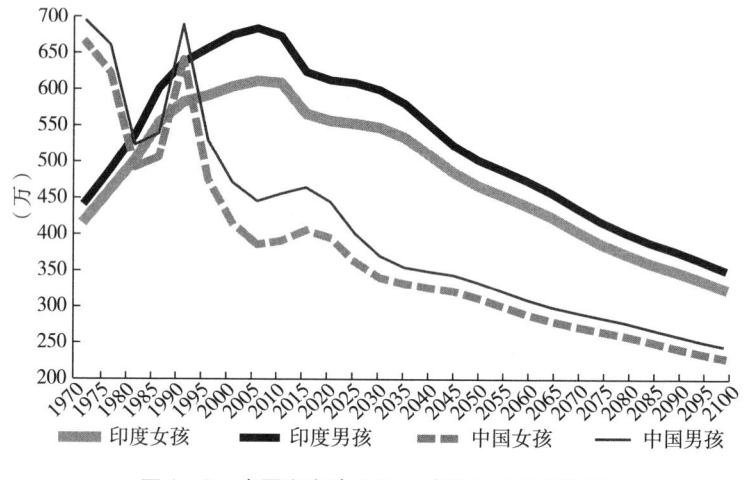

图1-1 中国和印度0至4岁的男女儿童数量

---

① 根据国家统计局发布的《中国2010年人口普查资料》，我国农村地区的出生性别比为122.1，城镇地区为120.2。——编者注

要了解为什么性别比失衡很重要,我们可以从几个角度对此进行探讨。一些学者将这个问题归结为"男性太多"。那些0~4岁的人将达到结婚年龄,而年轻男女之间的数量差距还没有达到最大。从乐观的解释来看,男性数量过多会导致"孤独蔓延",因为异性恋男性无法找到女性生活伴侣。一旦性别比失衡影响到适婚年龄的人,媒体就会对产生的社会后果感到焦虑不安,尤其是在把结婚视为成年普遍标志的社会。除了男女关系之外,针对性别比失衡的后果还有更令人沮丧的说法,因为学者们认为这可能会激化暴力犯罪、贩卖人口、性交易等,甚至会导致国内冲突。

但重要的是,我们要用批判的眼光来看待有关人口趋势的任何解释,这些趋势包括性别比失衡。一种批评认为,那种担忧男人没有妻子将如何应对的观点,等于认可了女人是安慰男人的性对象。这种批评是女权主义学者南希·赖利提出的,她认为"即使有很多男性找不到配偶,这也不一定意味着社会灾难,但很可能会迫使人们重建规范和制度,以适应这种变化……"

为了回应女权主义的批评,我们可以转而去关注那些"失踪的女性"。从这个角度来看,失衡的性别比体现了对女性价值的贬低。瓦莱丽·赫德森和安德里亚·邓波尔是这方面问题的专家,她们更进一步认为,选择性堕胎等同于对妇女实施暴力,而选择性堕胎行为的增加反过来说明社会默许了对妇女实施暴力。

当然，有些社会是父系社会，强调通过男性来继承财产和权力。通过对韩国的研究，赫德森和邓波尔发现，人口控制政策（比如独生子女政策或二孩政策）使性别比不均衡更加明显，常常把文化偏好转化为行动。赫德森和邓波尔说："在韩国，虽然二孩政策以及后来的独生子女政策没有得到执行，但是这些规定很快被这个单一民族国家的城市和农村地区接受。"无论是强势政府，还是规定男女平等的法律，都无法战胜生儿子的文化偏好。虽然越南试图从法律上摆脱男权社会，但是实际上妇女仍然没有多少土地，也无法起诉婚内强奸，她们在婚后要融入丈夫的家庭，享受不到权利。印度仍然是一个男权社会，女性遭受暴力的比例颇高。在这两个国家，2020年的出生人口性别比分别为110、112。

当然，无论男性还是女性都面临着巨大压力，在这些社会，男性只有在结婚后才算是长大成人，而女性则常常被视为男性之间的交换对象，有时会成为家族联姻的工具。婚姻市场可以通过改变性别比、一夫多妻制和高昂的聘礼被阻断。当婚姻在社会上被高度重视时，男性就可能会为了结婚而走向极端。有证据表明，伊斯兰极端组织"伊斯兰国"（ISIS）为其成员准备聘礼，"博科圣地"也有相同的做法。聘礼是新郎家转给新娘家的礼金，在许多社会都是惯例。与聘礼明显不同，嫁妆则是新娘家陪送给新郎家的礼金和物品。

在过去20年中，有关性别比失衡会引发重大政治和社会后果的论点逐渐走向成熟。过去，这一论点被指责依赖"原始的进化理论和动物研究"，而现在它的研究对象是两性关系的特征以及这些关系的基本结构如何影响出生率和死亡率。赫德森的最新著作就与此有关。但是，一些人仍然严厉批评整个研究脉络，特别是将性别比失衡和性别问题上升到威胁西方国家安全的言论。一位学者声称："对中国男性人口的恐惧再次出现，这仍然是对东方刻板印象的延续。"这种说法与有些人更担心中国人口会威胁西方的经济和军事有关。然而，无论是哪一种人口趋势，我希望读者在解读时都要谨慎，必须进行深入研究。出生人口性别比失衡非常重要，但是为什么重要、在哪些方面重要，我们的理论尚且有些自相矛盾。现在，我们需要更多的实证分析。

* * *

什么条件能够创造高生育率？降低生育率的已知措施有哪些？我们如果对此有更好的认识，就可以探讨高生育率在社会层面引发的后果。正如前言所述，生育率高的社会存在所谓的年龄结构年轻化，20岁以下的人口比例通常很高。社会年轻化有很多好处，但是那些拥有庞大青年群体的国家往往很难实现经济增长，而且容易发生内乱。

年龄结构年轻化和不稳定之间没有直接联系，但是政府能力等中间因素会发挥作用。需要特别指出的是，那些专注于提供教育、就业和政治参与渠道的政府，会因为帮助年轻人发挥潜力而受益，并随着人口向老龄化结构过渡而获得更大的经济红利。

在解释人口趋势时，我尽量避免言不符实，但是很难忽视世界上最年轻或增长最快的人口纪录。表 1-1 是由美国一个名为"和平基金会"的组织在 2020 年发布的排名前 10 的脆弱国家。这份名单列出了最容易陷入暴力或混乱的国家，其中有些甚至无法为公民提供基本的服务。到目前为止，我们提到的大多数国家占了前 10 名。世界上最脆弱的国家——那些面临崩溃危险或者已经崩溃的国家，都存在年龄结构年轻化现象。这些国家包括阿富汗、刚果民主共和国、苏丹和也门。事实上，2019 年 20 个最脆弱国家的平均年龄中位数为 18.95 岁，其中叙利亚略显特殊，它的年龄中位数为 25.6 岁。

表 1-1　2020 年美国"和平基金会"发布的排名前 10 的脆弱国家

排名	国家	0 至 19 岁人口比例（%）
1	也门	49.6
2	索马里	57.6
3	南苏丹	52.1
4	叙利亚	39.8
5	刚果民主共和国	56.4
6	中非共和国	55.9
7	乍得	57.8
8	苏丹	50.7
9	阿富汗	53.7
10	津巴布韦	52.9

一个国家有一半的人口是青少年，政府该如何治理呢？政府又该如何发展经济，为数百万青少年提供食物呢？事实证明，这对于很多国家来说构成了挑战。下面我们详细考察年龄结构和内乱之间的关系。

* * *

2010年12月17日，在突尼斯中部城市西迪布济德，26岁的穆罕默德·布瓦吉吉来到一个加油站。他用一个桶装满汽油，把它拖到政府大楼前的街道上。他走到车流中间，把汽油浇在自己身上后点燃，大声喊道："你们让我怎么活下去啊！"

他的问题很可能是针对大楼里的市政官员。当天早些时候，市政官员没收了布瓦吉吉用手推车贩卖水果和蔬菜时用的秤。布瓦吉吉不停地抱怨，结果被一名女警官扇了耳光，这无疑是火上浇油。在这件事之前，布瓦吉吉就遭受过一系列类似的侮辱。他想通过贿赂官员把秤要回来，可是囊中羞涩。身为长子，布瓦吉吉需要养活一个大家庭，因为没有稳定的工作，他唯一的选择就是推着小车卖农产品。现在秤没了，他的生意也做不成了。

布瓦吉吉身上90%被烧伤，躺在医院里奄奄一息，于2011年1月4日去世。他的自焚行为引发了一场抗议，仅10天后就迫使突尼斯总统本·阿里下台并逃离出境。如果说布瓦吉吉的死亡是火苗，那么该地区的人口趋势就是等待被点燃的燃料。

第一章　从摇篮开始

在突尼斯，26～30岁年龄段的人是最大的群体之一，布瓦吉吉就属于这个群体。虽然自杀事件已经成为历史，但是他的情况并非个例。突尼斯出现青年人口膨胀，但是工作机会寥寥无几，因此他这个年龄段的就业竞争比最近任何一代人都要激烈。与父辈们不同，布瓦吉吉的许多朋友都不太可能拥有稳定的工作，也很难成婚或者建立自己的家庭。警察和其他官员天天上门骚扰，让他们感到厌倦；腐败的政客无视他们的心声，让他们满腹抱怨。

当时，该地区还有大约6 400万跟布瓦吉吉情况一样的年轻人，抗议和暴力跨越国界，吞噬了他们的家园。这一点在人口学家的眼中并不奇怪。亨里克·乌达尔在一项研究中发现，在年轻人占总人口35%及以上的国家，发生冲突的风险比年龄结构更接近发达国家的高出150%。人口趋势这个单一因素并不会引发革命，但是会加剧潜在的社会、经济和政治问题，并为冲突埋下伏笔。

年轻型人口年龄结构是指那些呈现典型的"金字塔"形状、拥有大量青少年群体的年龄结构。正如我们所看到的，这种年龄结构会带来一系列挑战，但是儿童很少走上街头抗议。上街公开表达想法的是那些即将步入成年、发现成功前景渺茫或期望未实现的年轻人。正因为如此，青年膨胀型年龄结构才会引起研究者的广泛关注。在一个真正出现青年人口膨胀的国家，比如2011年的突尼斯，年龄更大或更小的群体占比相对更少，这一点从图1-2中可以看出。我们应该重点关注的是15～29岁的年轻人，他们在社会、政治和经济领域都日益活跃。对这个年龄群体进行分析很有意义，哪怕就像年轻型人口年龄结构一样，实际上并不存在青年膨胀。如果青年群体庞大，特别是当这个群体大于中年群体时，我们更有可能看到引发内乱的潜在动机或机会。可以这样设想：如果每年加入劳动大军的人数都在增长，那么就必须创造新的就业岗位，否则失业率将会飙升。年轻人找不到工作，也不接受教育，靠什么打发时间呢？

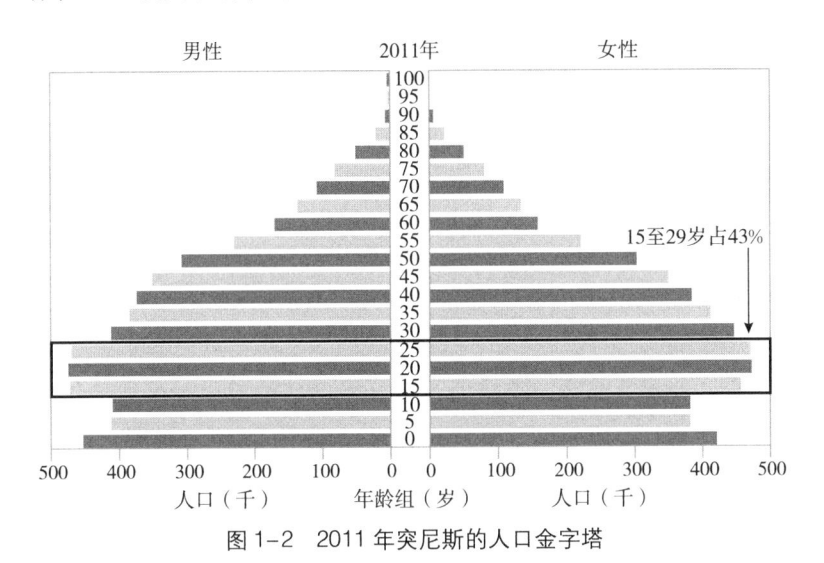

图1-2 2011年突尼斯的人口金字塔

人们根据突尼斯发生的事情创造了两个重要概念：相对剥夺感和机会成本。突尼斯的年轻人不如上一代过得好，这意味着他们对生活的期望没有实现，因此他们有反抗的动机。但是，犯罪题材的电视节目告诉我们，动机只是一部分原因，机会是另一部分原因。在突尼斯，劳动力资源丰富，但工作机会极少，因此拿起武器的机会成本很低。我们可以看到动机和机会结合起来，会在不同的时间、不同的地点与人口年龄结构发生相互作用。其实，四分之三个世纪以前，类似的情况就戏剧般地出现过，只不过背景截然不同。

* * *

第一次世界大战以后，年轻的成年人在德国人口中所占比例最大，每年都有越来越多的人希望进入劳动力市场（如图 1 – 3 膨胀部分所示）。这些年轻人没有工作，对未来不抱希望，因此他们希望有人能做出郑重承诺满足自己的心愿。他们符合引发暴力冲突的人口年龄结构，而且既有动机也有机会。1930 年，面对经济萧条，超过 18% 的选民将选票投给了纳粹党，结果纳粹党以 107 个议会席位获胜，成为德国第二大政党。希特勒曾经承诺要恢复德国的荣耀，这一承诺引起了德国民众的共鸣，对前途渺茫的年轻人更有吸引力。从人口统计角度而言，局面真可谓糟糕透顶：工人数量达到峰值，经济却一片萧条。在这种情况下，年轻人不需要像突尼斯的青年那样通过反对国家来实现变革——国家本身承诺要进行变革。反对现状的机会成本很低，因此他们把赌注押在了独裁者希特勒身上，希望他的承诺能带领他们走向更加美好的未来。

历史上还出现过青年在政权更迭中扮演关键角色的例子。在

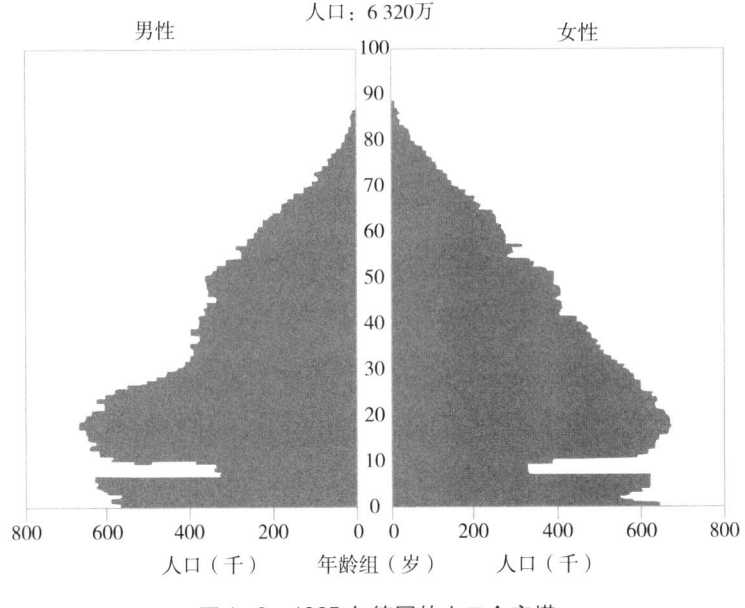

图1-3　1925年德国的人口金字塔

本章最后，我将总结伊朗的问题，甚至可以从人口统计的角度来审视1979年伊朗爆发的伊斯兰革命。1975年，也就是革命前4年，15～24岁的年轻人有660万，占15～64岁成年人口的37.7%。尽管每年都有大量新进入劳动力市场的人，伊朗前国王穆罕默德·礼萨·巴列维却没有雇佣年轻人投入劳动密集型产业，而是将重点放在资本密集型产业，结果导致数百万人失业。巴列维将土地重新分配给农民，但这些土地面积根本无法满足耕种的需求，而且由于农村生育率很高，个人谋生的机会越来越少。这是简单的数学问题，也是一个经典难题：土地没有增加，人口却越来越多。1977年研究人员埃里克·胡格伦德的田野调查显示，除了那些住在离城市很近、方便通勤的村民，65%～90%的农村年轻人都离开家乡去了城市。大多数人在15岁或16岁时就离开了。进入劳动力市场的新人逐年增加，到了1979年，迁往城市的15～19岁人口每年增长3%。与此同时，在国王的统治下，伊朗25%的收入用在了武器装备上，而不是建设经济。庞大的城市青年群体带来了人口压力，再加上他们无法就业，不满情绪与日俱增，抗议演变成了革命。当年12月，伊朗国王下台，阿亚图拉·鲁霍拉·霍梅尼正式成为最高领袖。人口结构加上动机和机会，终于引发了政治暴力。

无论青年人是参加抗议活动还是发动叛乱，经济动机并非背后唯一的驱动力。在很多情况下，在政治上遭到排斥或者被掌权的老一辈忽视的感觉，以及改变现状的想法，都会导致大规模的青年动乱。第一次世界大战的导火索就是由一个高中毕业的青年刺杀者点燃的。加夫里洛·普林西普是"青年波斯尼亚"的一名革命者，他希望遥远的塞尔维亚资产阶级采取行动对抗奥地利以赢得独立。

这些例子都与暴力有关，但是当年轻人感到被排斥时，暴力反抗并非唯一可能的结果。有时，他们能够不借助武力，而是通过现有的组织机构来推动变革。例如，许多国家的年轻人在历史上曾多次成功地迫使政府降低投票年龄。在20世纪60年代的美国，18～21岁的年轻人被征召参加越南战争，成千上万的人因此丧生。但是，他们这个年龄可以上战场，却没资格参加投票，他们感到强烈不满。除此之外，他们还有一种普遍的疏离感，而且对性别、种族和社会现状感到愤怒，因此活动人士要求国会将投票年龄从21岁降到18岁。1971年，他们如愿以偿。2018年5月，尼日利亚青年成功地将担任总统的最低年龄从40岁降到35岁，将尼日利亚众议院的任职年龄从30岁降到25岁。鉴于尼日利亚的年龄中位数只有18岁，这些变化让相当一部分尼日利亚人拥有了被选举权。这次运动的口号是"让年轻人参加竞选！"。青年在21世纪初乌克兰、格鲁吉亚和塞尔维亚的政治动荡中也是主力。

我们现在就像社会学家一样，使用动机和机会这两个概念来思考问题。在上述案例中，引发抗议或动荡的并不单单是人口年龄结构。为了加深我们对环境作用的认识，我们可以引入另一个社会科学概念：政治体制或那些协调、代表民众利益的机构和体系，其中包括投票规则或者与决策者沟通。由于政治体制不同，相同的人口结构会产生不同的影响。正如美国一位政治学家格雷姆·B. 罗伯逊描述的那样，即使一个国家民众的权利受到了侵害，如果能够与政府部门保持良好的沟通，他们就几乎没有抗议的动机。如果能让决策者了解民众的关切，民众就不必走上街头。在独裁国家，当权者面临直接问责的机会极少，因此抗议往往是孤立的直接行动；但是在民主制度的国家，抗议往往更具有象征意义。正如罗伯逊所说："介于两种情况之间的国家在一定程度上可以实现有效沟通，民众有动机寄希望于抗议，目的是影响具体决策和提高参与度。因此，中等程度的开放与最强烈的抗议相关。我们可能认为在威权政体中抗议水平较低，在民主政体中抗议水平较高，但是我们应该看到，在混合政体中抗议水平最高，混合政体提供了与政治组织沟通的机会，但是民众对政治制度仍感觉非常失望。"再考虑到人口因素，我们应该会从拥有青年膨胀人口的中等开放政体中看到最强烈的抗议。你如果正在为即将到来的冲突寻找线索，不妨就从人口因素开始吧。

* * *

有些年轻人是在特权环境中长大的，有些年轻人是在贫困环境中长大的，但是他们有些经历是共同的，因此我们不妨从生命周期的角度去考察青年问题。在不同的国家，成年的标志大致相似：找一份有意义的工作；拥有自己的住房和家庭，不再依靠父母；具有参政议政的权利。年轻人如果发现其中任何一方面的机会越来越少甚至彻底丧失时，就会引发政治、经济或社会变革。例如，新加坡虽然是全球最富裕的国家之一，但是它对住房却有着严格的限制。几年前我去新加坡实地考察时采访过那里的年轻人，他们一次次痛苦地表示自己没有能力搬出父母的房子。他们说在这种情况下约会太尴尬了。正是因为这一点，新加坡男性初婚的平均年龄为 30.2 岁，女性为 28.5 岁，生育率只有 1.21。

关于代际的看法也非常有用。美国投票年龄之所以变化，是因为整个20世纪60年代青年人为了反对战争和争取公民权利进行过示威游行,但是美国并非唯一一个经历这种变化的国家。1968年,法国大学生举行了抗议和示威活动,要求对大学体系进行改革。他们认为大学体系僵化、不够完善,无法满足不断扩大的大学生群体的需求。此前10年,法国的大学生数量从17万增长到50多万,仅巴黎就有13万人之多。青年工人、失业工人、煤矿工人、公共交通系统工人、天然气和发电厂工人、造船厂工人、邮政服务人员,甚至来自财政部等政府部门的公职人员都加入了这一行列。1968年5月18日至19日,超过200万名工人举行了罢工,4天内罢工人数增加到900万。1968年发生的事件揭示了人生阶段和历史时期会在多大程度上带来政治影响。有很多年轻人是战后的婴儿潮一代,但是还有更多的原因。正如作家马克·科兰斯基所描述的那样:"1968年的独特之处在于,人们造反的原因并不相同,他们的共同之处仅仅是造反的欲望、造反的思路、与现有秩序的疏离感,以及对任何形式的威权主义的深切厌恶。"科兰斯基接着列举了1968年掀起这场革命风暴、引发全球动荡的四个因素,其中的三个因素分别是民权运动扩散、越南战争引起广泛抗议以及电视的发明。第四个因素则体现了人口统计的特征:"这一代人自我感觉非常不同,怀有强烈的疏离感,拒绝一切形式的权威。"在一些国家,这一代人的数量也更加庞大。如图1-4所示,在婴儿潮时期出生的美国人越来越多地进入了成年阶段。

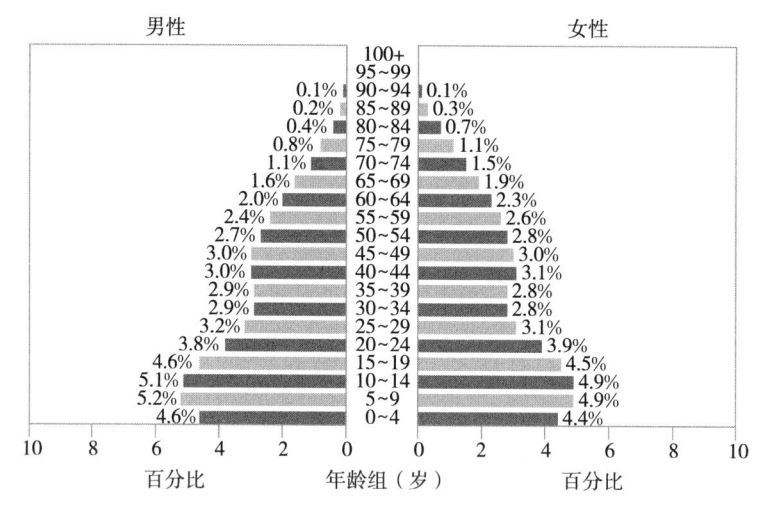

男性	年龄	女性
	100+	
	95~99	
0.1%	90~94	0.1%
0.2%	85~89	0.3%
0.4%	80~84	0.7%
0.8%	75~79	1.1%
1.1%	70~74	1.5%
1.6%	65~69	1.9%
2.0%	60~64	2.3%
2.4%	55~59	2.6%
2.7%	50~54	2.8%
3.0%	45~49	3.0%
3.0%	40~44	3.1%
2.9%	35~39	2.8%
2.9%	30~34	2.8%
3.2%	25~29	3.1%
3.8%	20~24	3.9%
4.6%	15~19	4.5%
5.1%	10~14	4.9%
5.2%	5~9	4.9%
4.6%	0~4	4.4%

图 1-4　1968 年美国的人口金字塔

我们今天在考察青年和年轻型人口年龄结构的作用时，可以运用一些关于政治制度的理论。虽然抗议和参政是一种民主程序，但是相对于其他年龄段，青年比例较高的国家实现民主的机会非常渺茫。诺亚·布里克和马克·弗利发现在"阿拉伯之春"中，叙利亚、埃及和突尼斯的青年风险因子都比较高。其中，叙利亚的青年风险因子最高。青年风险因子覆盖的是劳动年龄人口中17～26岁的人群。突尼斯的冲突风险已经下降，因为自"阿拉伯之春"以来，达到劳动年龄的青年群体规模比以前要小；叙利亚的冲突风险则在增加，因为每一个达到劳动年龄的群体都大于之前的群体。

理查德·钦科塔经过研究发现，在一个年龄结构非常年轻的国家，如果年青成年人的比例下降到0.4左右（大约相当于年龄中位数29.5岁），它就有一半的机会发展为更加开放的国家。根据钦科塔的研究，如果年龄中位数为25岁或低于25岁，在美国机构评级为"自由"的国家中，几乎没有几个能维持10年以上。如果年龄中位数为15岁，只有大约8%的国家有机会被评为"自由"；如果年龄中位数超过25岁，概率超过30%；如果年龄中位数为35岁，概率上升到75%；而那些年龄中位数达到45岁的国家则有90%的机会。

你可能已经意识到存在例外情况——年龄中位数上升并不意味着向西方民主政治的自然过渡。有些例外情况出现在人口非常年轻的国家，这些国家的"自由"评级甚至维持了超过10年，其中包括马里共和国（12年）、贝宁（27年）和加纳（20年）。那些在人口老龄化过程中仍保留独裁政体的国家排除在外。钦科塔和同事约翰·多塞斯发现："青年人口膨胀逐渐消失似乎能引起改变，但是这种情况只出现在军事政变后的'临时政权'、弱势的个人独裁政权或某些民主政体中。"独裁政权面临的政治对手最少，到目前为止几乎不受影响。尽管有必要对年龄结构和政体之间的关系进行更多研究，但是我们几乎可以得出结论：在接下来的几十年内，中年及以上年龄结构的国家将会出现更多不同的政体类型。

然而，在这类国家中，年龄中位数在25岁或25岁以下的国家数量正在减少，将从2015年的78个减少到2035年的50个。特别是巴基斯坦、埃及、约旦、叙利亚、海地和南非，如果人口

第一章　从摇篮开始

出生率继续下降，它们将在未来 15 年内掉出该类别。尽管出生率有所下降，但是到 2035 年，巴基斯坦人口将增加 39%，埃及人口将增加 37%，海地人口将增加 27%，这种现象被称为人口惯性。也就是说，由于生育群体规模大，即使总和生育率下降，人口总量仍然会保持增长。但是在年轻人比例不断下降的国家，也很少会发生激烈的政治变革。

* * *

对这些地区的国家来说，一方面，青年易于制造麻烦、煽动冲突，力求通过重大变革来改变现状；另一方面，青年是革新者，是争取权利和进步的驱动力量。地位决定立场。对于独裁的当权者来说，青年就像一群需要被压制的蚂蚁。但是，如果是受压迫者或被剥夺权利者，青年就更像希望，担负使命引领社会走向更加美好的未来。阅读文献资料可能会得出这样的结论：青年，特别是青年男性，对社会来说是一种不稳定因素。但如果认为这部分人都存在问题，这种观点肯定是错误的，因为这将大批青年为社会所做的积极贡献排除在讨论之外。因此，对这些地区的国家来说，合理的政策目标应该是关注青年的机会，这里主要是指工作机会。有时候，问题明明是不作为，结果却将人口统计当作借口。法国总统埃马纽埃尔·马克龙和微软前首席执行官比尔·盖茨等人都指出过，非洲的人口高增长率与这片大陆的贫困和人口迁移存在千丝万缕的联系。不过，针对这个问题，有人批评说:"青年膨胀理论是西方国家有关人士及其伙伴政权,对高失业率或社会冲突的一种简单化解释,因为它将这些问题归因于人口统计,而不是数十年来失败的经济政策。"不要责怪青年,应该把重点放在腐败、低效的体制和法治薄弱等因素上。这些问题是治理不善的标志,意味着非洲许多国家的商业投资环境不利,而且它们在这方面没有取得进展。

用溢美之词重新诠释青年膨胀也存在问题。在非洲,整个大陆都极力将青年膨胀重新定义为人口红利(见第六章),并关注青年人对建设非洲经济能够做出的积极贡献。这么做的动机是利用所能拥抱的一切条件。一些学者认为这种重新诠释可能会导致人们对青年膨胀抱有不切实际的看法,不再将注意力放在急需解决的节制生育问题上。这一点我们将在后文讨论。

无论在什么情况下,向成年的过渡可能都非常困难。甚至在一些年龄结构较大的国家,青年都在寻求独立,却没有机会实现独立,因此他们经历和表达的不满要超过社会上的其他年龄群体。哪怕是在富裕国家,青年的生活也会受到是否拥有政治和经济机遇的影响。当一个国家经历了人口转变,而且青年的数量远远超过老年人时会发生什么呢?政治、经济和社会动态会有什么不同?为了考察生育率下降的年轻型人口年龄结构的国家的未来走向,我们现在转向另一个极端:低生育率、人口老龄化和老年人。

第二章

灰色黎明

　　库尔特·冯内古特在短篇科幻小说《明天，明天，明天》中描绘了这样一个世界：人们的预期寿命已经延长，可以享六世同堂之乐。93 岁高龄的埃姆总是抱怨她 172 岁的公公仍在当家做主，他占据了房子里唯一的私人房间、最好的椅子和食物，而且最令人感到不公平的是，他甚至控制着电视遥控器。

　　冯内古特的这篇小说发表于 1953 年，表达了他那一代人对政治权力的恐惧，因为战后婴儿潮的到来预示着政治权力可能会掌控在预期寿命增加的人手中。这是一个代际斗争的终极故事，年轻人憎恨老一辈人控制着所有的资产、工作和选票。在冯内古特写完这篇小说后的几十年里，这种对人口结构变化的担忧越来越转化为对政治权力的担忧，因为我们总是害怕自己未知的事物。最新出现的人口趋势无疑是人口老龄化，但是对此我们却认知落后。

在人口政治学家看来，人口老龄化是有积极意义的。今天，日本创纪录的年龄中位数是48.4岁，这要高于一个世纪前许多国家的预期寿命。联合国公布的数据显示，2020年世界人口的13.5%，也就是超过10亿人，年龄在60岁以上，而且这个群体正以每年3%的速度增长。医学的进步几乎已经能保证后工业世界迎来一个以银发和皱纹（可能还有髋关节置换和成人纸尿裤）为标志的时代。尽管低生育率是降低婴儿死亡率之后取得的进步，但是它重塑了社会结构，将发达国家的人口重心转移到了老年人身上。"重心"这一措辞很重要。在讨论人口老龄化时，我们指的是人口整体老龄化。当然，在讨论老龄化的重要性时，个体也属于讨论范畴，但是纵观历史，至少总有一些人能够活到老年。的确，一旦一个社会开始经历人口转变，人口就会出现"老龄化"。这种现象很普遍，但真正的新动态是人口年龄中位数的急剧上升，导致现在小孩减少、老年人增多。

老龄化现象逐渐出现在许多国家。1950年，发达国家的年龄中位数为29岁，只有3个人口超过100万的国家年龄中位数达到35岁。在全球范围内，人口都很年轻，而且数量在不断增长，直到20世纪90年代，年龄中位数超过35岁才越来越普遍。即便如此，从地理分布来看，老龄化国家也仅限于欧洲和日本。到21世纪初，美国加入了这一次浪潮，使成年型人口年龄结构的国家总数达到32个，德国、意大利和日本成为有史以来第一批年龄中位数超过 40 岁的国家。正是在这个时期，我开始研究人口老龄化问题，但是要从这么少的样本中得出可靠的结论非常困难，这一点任何社会科学家都知道。然而，许多人得出了可靠的结论。大多数跟踪老龄化发展趋势的研究人员和记者发现，人口老龄化将阻碍经济增长、妨碍人们创新、导致老年人管理政治——和冯内古特小说中想象的一样。

早期的预测仍然是今天报告人口老龄化的基础，但是成年型人口年龄结构已不再是新鲜事，也不再局限于第一批国家。在过去几年里，这种年龄结构已经成为后工业国家的常态。2020 年，发达国家的年龄中位数为 42 岁，到 2035 年将达到 45 岁。2020 年，年龄中位数在 40 岁及以上的国家已经发展到 38 个。老龄化问题在欧洲、北美和亚洲都在加剧。日本不再是亚洲唯一的老龄化国家，中国、韩国和新加坡都在加入第二次浪潮。"老龄化国家俱乐部"不仅年龄越来越大，成员越来越多，而且越来越多样化。不久将有更多地区加入第二次浪潮。到 2035 年，年龄中位数超过 35 岁的国家将包括伊朗、突尼斯和朝鲜。巴西是最近加入这个俱乐部的。到 2035 年，东欧、西欧和东亚的大多数国家的年龄中位数将在 45 岁以上——这个群体包括中国和泰国，甚至还有拉丁美洲的古巴。新浪潮将会带来许多新的改变，很可能会迫使我们重新认识人口老龄化带来的影响。

第一次浪潮中的那些国家人口转变缓慢，生育率和死亡率逐渐下降。在第二次浪潮中，人口老龄化的速度要快得多，部分原因是死亡率的下降也快得多。在某些国家，这是因为西方输出的健康知识和资金援助加速了老龄化。其他国家由于实施了有效的全民健康卫生运动，如中国和伊朗，加快了人口的老龄化速度。1965 年中国的总和生育率为 6.61，从 1990 年到 1995 年，中国逐渐接近生育更替水平，到 2015 年，中国的劳动年龄人口已经达到顶峰。

在韩国，老龄化不仅速度快，而且对社会体系产生了明显压力。韩国的养老金仅占平均工资的 6%，是亚洲最脆弱的养老金体系之一。民众要求国家支持老年人，但迄今为止还没有产生足够改变现状的政治影响力。因此，老年人深受其苦。经合组织公布的数据显示，2015 年韩国 65 岁以上人口的贫困率为 45.7%——是该组织中比例最高的国家，远远高于只有 19.6% 的日本。韩国老年人的自杀率是全国平均水平的 3 倍多。日本《日经亚洲评论》的一篇报道称："这一代 60～80 岁的韩国人是在经济上支持过父母的最后一代人，从广义上讲，他们将成为第一批无法得到子女经济支持的人。"

请记住一点，人口老龄化是由低生育率和长预期寿命共同驱动的。在进一步讨论之前，我们有必要挖掘一下"低生育率"的真正含义。

人口学家提出了"第二次人口转变"这一说法，用来描述超低生育率（低于更替水平）和婚姻推迟。两种现象似乎同时发生，而且出现在越来越多的国家。这种说法是在试图描述女性决定延迟生育将会发生什么吗？将会只生一个或者两个？又或者完全不生？延迟生育可能会产生巨大影响，其范围不仅涉及个人，也有可能更加广泛。考虑到这个问题，许多国家都出台了激励措施，比如对父母提供减税优惠或带薪产假。

这与第一章讨论的晚生育政策不同。前者是指妇女生第一胎的时间推迟到 19 岁之后。在第二次人口转变中，我们讨论的是比这个年龄还要晚得多的时间。名人新闻（我承认经常在拖延时翻看这类新闻）经常报道 40 岁以后首次生育的名人，比如歌手玛丽亚·凯莉、珍妮·杰克逊和演员妮可·基德曼。更多的女性在 35 岁以后才生第一胎，包括歌手詹妮弗·洛佩兹和格温·史蒂芬妮。这些名人究竟是特例，还是代表了其他延迟生育的女性呢？

事实证明，她们的确是在延迟生育。拿英国来说，20 世纪 60 年代末，女性平均在 23 岁生第一胎，而现在的女性等到 29 岁才开始生育。这种延迟生育现象非常典型。所有富裕国家的女性生第一胎的时间都越来越晚，其中韩国的第一胎平均生育年龄最高，超过了 31 岁。在经合组织的发达国家中，女性生第一胎的最小平均年龄是 26 岁，出现在美国、罗马尼亚、拉脱维亚。

为什么这一点很重要呢？请记住，大多数人口统计学家会说，女性开始生孩子的年龄越大，她们一生中生孩子的数量就越少。这是一个概率问题——从生物学角度来讲，一个女性延迟生育的时间越长，她的育龄期就越短，即使她已经开始生育，那也不能想生多少就生多少。正如第一章提到的，在某些贫穷国家，女性平均生 5~6 个孩子，为此当地的节制生育项目将重点放在让女性继续上学，鼓励她们晚婚，以此延迟女性开始生育的时间，缩短"活跃"的生育期。

富裕国家的情况则有所不同。总体来说，女性开始生育的时间较晚，生育的孩子也更少，不过她们一开始就不想要很多孩子，这会对整个国家产生影响。

众所周知，富裕国家出生的孩子数量并不足以平衡即将死亡的一代。我今年 40 岁，但是并不清楚与我同龄的女人一生会生多少孩子，因为严格来说，我们的育龄期还没有结束，关于我们的任何说法都不过是预测。但是关于年龄更大一点的女性的数据是真实的。1974 年出生的女性平均生多少个孩子呢？在意大利、西班牙和日本，她们平均每人生育 1.4 个；在德国和俄罗斯，平均生育 1.6 个；澳大利亚、法国、英国和美国比较接近生育更替水平 2.1。近年，美国甚至加入了低于更替水平的行列。2020 年，美国的出生率降至 1979 年以来的最低水平，总和生育率为 1.63，创下了历史新低。

只看总和生育率可能会掩盖代际差异，因为统计样本内的妇女存在 30 年的年龄跨度，她们生活在不同时代，生育习惯也可能不同。这是人口统计学家在欧洲许多国家发现的情况。当生育率较低时，总和生育率也可能掩盖差异，因为少数妇女会生很多孩子，但另一些妇女可能一个都不生，这使平均生育率大约处于中间水平。关于女性选择生育孩子的数量范围，平均生育率并不能告诉我们更多信息。在意大利、英国和荷兰，不生育相当普遍，但在俄罗斯，2010年的人口统计显示，结束了育龄期的妇女只有6%没有生育过。

延迟生育或不生育并非生育率普遍偏低的原因。在俄罗斯，生第一胎的平均年龄低于欧洲大部分国家，但很少有女性会生第二胎、第三胎或更多孩子，一个孩子的家庭是常态，2010年有近68%的家庭属于这一类。有趣的是，大多数俄罗斯人接受调查时都声称一个家庭生两个孩子比较理想。政府将这一说法视为行动的号召，尝试出台财政激励等政策，旨在缩小本国女性认为的理想子女数量与实际所生子女数量之间的差距。

在富裕国家，上大学的女性越来越多，而且在家庭之外取得了事业成功，这是社会上出现延迟生育现象的一个原因。我身边就发生过这种情况，而且我自己的情况也与此相似。在我参加第15次大学同学聚会时，我发现有的同学处于孕期，有的处于哺乳期，还有的刚开始考虑生孩子（我上的是女子学院）。她们曾经忙着攻读研究生学位、打拼事业或者四处旅行、享受生活，没有多少人考虑毕业后马上生孩子。

但是，教育和事业并不是女性延迟生育的唯一原因。其他的人生大事也发生了变化，比如婚姻。我和大学同学都延迟生育，但是并非必须推迟结婚。我是在刚跨过23岁就结婚的，宿舍四个人属我结婚最晚。我们的情况比较特殊：在美国，女性初婚的平均年龄是 28 岁，男性是 30.5 岁——与 1960 年相比，分别高出了 8 岁和 7 岁。正如作家丽贝卡·特雷斯特在她的著作《单身女性的时代》中所说，2009 年美国单身女性的数量首次超过已婚女性。

当然，这些事情是有关联的。有些女人，还有男人，更注重教育和创业，而不是结婚。一些女性不想等找到伴侣后再生孩子，毕竟寻找伴侣并不总是那么容易，还有一些女性干脆回避婚姻。

* * *

我手头有一件珍品，这是 1967 年出版的一本教育手册《青少年家政指南》，是多年前我在旧货店的货架上找到的。封面是一个甜美的草莓色金发女郎的侧影，她的短发上别着一个粉红色的蝴蝶结。读者可以从书中学习熨烫衣服、合理营养的基本知识，书中还提到了当时流行的各种罐头食品。在职业建议部分，作者解释称，男孩和女孩可能有不同的职业目标。女孩"肯定清楚将来必须学会如何成为家庭主妇和母亲"，因此对她们而言，职业生涯不会像对男孩那样重要。

今天青少年生活的世界与 1967 年截然不同。当时美国的青少年正在阅读《青少年家政指南》，但是性别革命是否使女性完全摆脱了社会束缚呢？斗争结束了吗？

社会学家阿莉·霍赫希尔德试图回答这些问题。她研究了全职工作的妇女，她们的丈夫也是全职工作者，小孩都在 6 岁或 6 岁以下。换句话说，她研究的妇女和正在撰写本书初稿时的我一模一样。① 据阿莉·霍赫希尔德观察，这些妇女下班回家后一边叠衣服一边打电话，还要给孩子洗澡，不停地忙碌。她在《职场妈妈不下班：第二轮班与未完成的家庭革命》一书中把观察到的现象记录了下来。霍赫希尔德发现，尽管几十年来性别角色发生了很大变化，但仍存在更大的社会问题，导致一些女性质疑结婚和生孩子是否值得——她们既要在外面上第一轮班，又要在家里上第二轮班，真是让人筋疲力尽。

妇女面临多重压力，这是一个全球性问题。研究员玛丽·布林顿和李东珠发现，后工业社会既鼓励女性外出工作，又把她们描绘成天生的看护者，这种强加给女性的相互矛盾的角色，导致这些社会的生育率较低。我们在东亚可以看到这种两难的处境。在东亚的大部分地区，男人养家糊口，女人照顾家庭和养育子女，但是社会也欢迎女性出去工作。受到这种性别角色观念的影响，女性既要外出工作，又要承担家庭责任，经常难以两全。因此，她们通常只生一两个孩子，或者干脆不生。2009 年美国东西方中心的研究表明，在低生育率的日本，育龄妇女每周做 27 个小时的家务，而她们的丈夫每周只做 3 个小时，这些主妇大多有

---

① 撰写本书时，我正和孩子因为新冠肺炎疫情隔离在家。简直是其乐无穷！

一份带薪工作。对日本女性来说，家庭和工作仍然无法做到两头兼顾。经合组织对18个成员国进行的一项研究将日本排在倒数第二位，这个排名涉及"协调工作和家庭的政策覆盖范围与力度，以及创建家庭友好型工作场所的举措"，同时指出日本雇主提供的儿童保育服务体系和产假制度都特别脆弱。与此类似，许多韩国人不敢结婚，而且教育成本过高在很大程度上导致他们不愿生孩子。

相反，如果社会不鼓励女性工作，她们作为家庭主妇和母亲的角色就会更加明确，生育率也会更高。但是仍然存在影响生育的不稳定因素：在传统社会中，男性被视为经济支柱，在组建家庭前拥有稳定的工作，但是一旦缺乏工作机会，生育率就会降低。近几十年来，我们在意大利、波兰和斯洛伐克都观察到了这种现象。正如我们所看到的，影响生育的是性别观念和劳动力市场之间的相互作用，而不是其中的一个方面。在男女性别平等的国家，生育率实际上更低，因为社会规范将女性限制在一种特定的生活方式中，没有给她们提供既能兼顾工作和家庭，也能被社会接受的选项。我们发现芬兰、荷兰、新西兰、英国和美国的生育率相对更高，因为它们的安排更为灵活，不强调严格平等。我们的结论不应该是为了提高生育率而限制女性工作。更确切地说，减轻女性分担家务的压力，或许能更有效地支持女性的生育意愿。与芬兰等能够做出灵活安排的国家不同，我们看到韩国的生育率低得惊人，平均每个妇女生育不到一个孩子。在经合组织成员国中，韩国的性别收入差距最高。延迟生育的另一个原因可能是对经济的担忧。当今育龄妇女的经济状况并不总是令人乐观。在韩国，2018年15～29岁的妇女失业率为9.5%，而同一年的总和生育率创下了0.98的历史新低。

这种模式也可能会发生在其他地方。2020年初，美国女性的就业人数有史以来首次超过男性，但工作的质量和工资普遍偏低，无法养活家庭，尤其是对劳动阶层而言。但是，这次就业新纪录并未持续多久。新冠肺炎疫情之后，人们从2020年2月开始封闭在家，3月的形势更加严峻，这对美国的女性劳动力产生了巨大影响。孩子待在家里暂停上学，托儿所关闭，一些女性觉得自己别无选择，只能离开工作岗位。新冠肺炎疫情之前，相当比例的女性都在休闲行业或酒店工作，居家隔离期间，这些行业受到的影响最大。从2020年2月到2021年1月，近210万美国女性退出了劳动大军，被定义为不再寻找工作，因此未出现在官方失业统计数据中。有色人种女性受到的打击尤其严重。美国全国妇女法律中心报告称，2020年12月，年龄20岁及以上的拉丁裔女性失业率为9.1%，比前一个月高出近1%，是居家隔离前失业率（2020年2月为4.9%）的1.86倍。美国失业率升高最终可能会使其生育率进一步降低。

如果性别角色是问题的一部分，那么为什么女性不直接绕过婚姻生孩子呢？在一些国家，女性就是这么做的。在经合组织成员国中，非婚生育的比例从1970年的7.2%上升到2016年的近40%。①

这个数据掩盖了一个事实：在一些富裕国家，人们认为非婚生育是耻辱的，通常女性不会这样做——在日本和韩国，只有2%~3%的非婚生育。也正是因为这种耻辱感，意大利、波兰、希腊等以天主教或东正教为主的国家生育率才会非常低。在其他存在这种耻辱文化的地方，女性如果不想结婚，就不会生孩子。

当然，这种耻辱感并非无处不在。在许多国家，夫妻没有正式结婚就住在一起，尤其是在中美洲和南美洲。在智利和冰岛，大约三分之二的孩子是婚外出生的。在其他国家，如比利时、丹麦、法国、墨西哥和瑞典，超过一半的新生儿是由未合法结婚的母亲生育的。在全球范围内，非婚生子的数量日益增多。在美国，1970年只有10%的婴儿是非婚生子，如今这一比例已达到40%。在欧洲，这一比例甚至更高——仅在法国就高达60%。

一般来说，推迟结婚、非婚生育的耻辱感以及推迟怀孕都会明显影响个人的生活。这些个人意愿叠加在一起，就会以降低生育率的形式带来社会变化。

我们一直在谈论高龄生育，但是这里存在一个棘手的问题——不孕不育。难道富裕国家的女性不想至少生两个孩子吗？

---

① 仅限有数据可查的30个经合组织成员国。

第二章　灰色黎明

还是说她们不能生育呢？据《怀孕之路：探索生育前沿的启示》的作者伊丽莎白·卡特金说，当女性延迟生育时，"计划"就会化为泡影。卡特金在书中描述了自己在9年的时间里经历了7次流产、8次体外受精鲜胚移植、2次体外受精冻胚移植、5次自然怀孕和4次体外受精怀孕，共花费了20万美元。个人经历促使卡特金成了一名不孕不育专家。她通过研究和经验证明年龄因素并非最大障碍，但它确实会影响女性的生育数量，因为那些注定难以怀孕的女性并没有那么多时间去找出问题所在。

人口统计学家认为，在婚姻和生育模式方面，我们已经发生了永久性变化。2008—2013年的经济衰退和新冠肺炎疫情等大事件会严重影响生育模式。这种影响不是单向的。与其他危机一样，新冠病毒感染极有可能影响大多数女性的生育时间，但不会影响她们一生生育的总数——延迟生育会。有些延迟生育的女性最终所生的孩子数量不会变，但是另一些女性所生的孩子会有所减少。

向超级低生育率转变会快速引发一种后果：一些国家的人口不仅出现老龄化，而且在不断减少。德国的人口在2005年开始下降，日本是在2010年——这些国家都是趋势的引领者。联合国公布的数据显示，2015—2020年日本总人口减少了150万，到2035年甚至将减少930万。日本国立社会保障与人口问题研究所预计，到2065年日本人口将减少到8 800万，相比于2015年的人口减少3 900万，约等于智利和马里人口的总和。到那时，

65岁及以上的老人将创纪录地占到总人口的40%。世界终究是个小世界。

在全球范围内,由于许多国家的人口非常年轻而且增长迅速,人口总数仍在增长。但是,联合国预计,到21世纪末,70%的发达国家和65%的欠发达国家人口都会减少。如果仔细回顾历史,我们会发现人口数量也减少过。例如,从19世纪40年代到50年代,爱尔兰的人口由于大饥荒大幅减少,导致100万人死亡,并迫使更多人移居国外寻找更好的生活。但是,爱尔兰大饥荒以及因传染病或移民而导致的人口减少,对我们今天所看到的情况并无多少启示,因为今天的人口减少是由于低生育率和低死亡率导致年龄结构发生根本性转变造成的。这种减少似乎是不可逆转的。过去,由疾病、战争和饥荒导致的人口下降,可以通过改善公共卫生和技术来弥补(准确地说,战争除外),但是今天的人口下降在某种程度上是因为公共卫生得到改善——人的寿命延长了,家庭规模更小了。因为女性能够更好地控制生育,男性和女性都选择少生孩子。

人口减少本身并非坏事,但是经济理论不是在这种条件下发展起来的,而且对于如何理解这种转变,我们也没有做好思想准备。例如,经济健康的两个关键标志是高消费和GDP增长,但在总人口下降2%~3%的情况下,我们还需要GDP增长2%~3%吗?这种人口转变应该迫使经济学家和决策者进行对话,但总体而言,这些基本问题并未出现在公共话语和学术

第二章 灰色黎明

话语中。

我们在第一章看到，人口非常年轻的社会在创造就业机会、社会治理和促进社会和谐方面容易出现动荡，面临重大挑战。但是，人口老龄化并非不存在问题。库尔特·冯内古特的预测比较极端，但我们不能否认政治权力掌握在最年长的几代人手中，他们在世界各地投票表决和担任政治职务的比例远远超过年轻人。法国参议员的平均年龄为64岁，其中50岁以下的只有7%。2020年美国总统大选的两个竞争对手中，一个74岁，另一个77岁。即使经济还没有出现萎缩，富裕国家也在担心如何在劳动力减少的情况下保持经济增长。老龄化并非大多数发达国家唯一的人口变化：随着历史主流群体的衰退，移民的到来改变了种族（以及宗教和政治）构成，尤其是对年轻一代而言。西方社会正在努力适应这些相对快速的人口变化，身份政治已经提上议事日程。

人口老龄化带来了种种挑战，但是请记住人类进化的积极一面。不可持续的消费和人口增长导致塑料制品正在填满海洋，化学物质正在阻塞河流，温室气体充满地球的大气层。从长远来看，富裕消费者的减少可能会对地球产生正面影响。我们的生育模式正在发生变化，它反映出人们开始重视生活质量而非家庭成员数量。如果人口老龄化和人口减少是人类最终对小家庭感到安全与满足的必然结果，那么将这种现象称为悲剧似乎并不明智；如果我们相信贫穷国家的人口增长将是世界末日，这显然更不明智。这种新的现实意味着什么，需要世界上优秀的思想家去把握，但是就此假设老龄化是坏事将会造成误导。

* * *

在深入研究老龄化的影响之前，我们首先需要看一下衡量老龄化的方法。从严格意义上讲，任何生育率下降、年龄中位数上升的国家都是老龄化国家，但是本章的重点是这种状况已经持续了几十年，这些国家的年龄中位数已经较高，而且老年人和年轻人的比例已经发生了变化。

经常用来表示这种变化的指标是抚养比，尤其是老年人口抚养比，它用来衡量 65 岁及以上人口与劳动年龄人口（通常是15～64 岁）的比例。这些比例都能反映人口老龄化的影响，说明那些对经济进行"投入"的人（黄金年龄劳动力）比例在减少，而那些"消耗"经济的人（老年人）比例在上升。例如，2018 年欧洲的老年人口抚养比创了新纪录——1/5 的人超过 65 岁。根据大多数解释，这意味着需要 3 个劳动力来抚养 1 个 65 岁以上的人。正如《经济学人》和《金融时报》上的几十篇报道所称，这一比率一直在迅速下降。20 年前，每 5 个劳动力抚养 1 个 65 岁以上的人，而 10 年前是 4 个劳动力。正如我们经常读到的那样，在大多数国家，这一比率正朝着每 2 个劳动力抚养 1 个老年人的趋势发展。但真的是这样吗？

从概念上讲，关于抚养比有种种未经证实的假设。其中一个问题便是"抚养"这个标签。其实并非所有65岁以上的人在经济上都依靠他人，他们不需要别人照顾自己做饭、如厕、开车等日常生活，反倒是有些老年人需要帮助年轻一代照顾小孩。抚养比说明一个社会不同年龄人口的比例，而不是他们的抚养状况。为此，我们必须考察一下各个社会的经济发展与抚养文化。

第二个问题是"老"这个标签。一个人多大年纪才算"老"呢？选择一个年龄，在世界范围内横向对比抚养比是不可能的。一些社会的预期寿命只有40岁，我认为这个年龄相当年轻。和"青年"一样，"老年"这个概念也是文化构建的产物，而且和所有文化构建一样，"老年"的概念可以被重新定义，也经常被重新定义。

要说重新界定"老年"，也许没有比强大的政治游说团体美国退休人员协会的演变更恰当的了。1998年，这个组织进行了一次彻底变革，从全称"American Association of Retired Persons"变成只使用首字母缩写"AARP"。该协会在20多年前就意识到，总体而言，人们的工作年限正变得越来越长，因此如果换成一个人们熟悉的首字母缩略词并且剥离其具体含义，应该会对这个群体更加有利。这个组织包括年龄在50岁及以上的人，这在一定程度上也是它的影响力的来源，但是由于许多成员仍在工作，它需要排除"退休"这层含义。

由此可见，我们需要通过更多细微的变化来准确了解人口老龄化，甚至可能需要一系列新的概念去认识这个变革性的发展趋势。

＊　＊　＊

通常而言，退休年龄是在几十年前设定的，它和今天的预期寿命存在较大差距，这一点清楚地说明了人口老龄化的出现超出人们的意料。

美国社会保障管理局使用精算表计算某一年龄的人在下一个生日之前死亡的概率。根据这种表格，我预计还能再活 47 年。等我活到 62 岁时，便可以享受部分社会保障福利，这样预计还能再活 26 年；等我活到 67 岁时，便可以享受全额社会保障福利，到时候我还能再活 21 年。退休年龄和死亡年龄间隔的时间相当长，这对我个人来说不是什么问题，但是从总体上看，会给美国社会保障管理局的偿付能力带来麻烦。

美国并非唯一存在这种问题的国家。如今，德国男性享有大约 18 年的退休时光。[①] 在法国、比利时、西班牙和许多其他国家，有效退休年龄（一般人的实际退休年龄）比领取全额养老金的正常年龄要低几年。

但是，尤其是在韩国、墨西哥、日本、智利和以色列，男性和女性（图 2-1 显示的只是男性，因为他们参加劳动的人数更

---

① 德国男性的法定退休年龄是 64 岁，65 岁时的预期寿命在 18 岁以上。

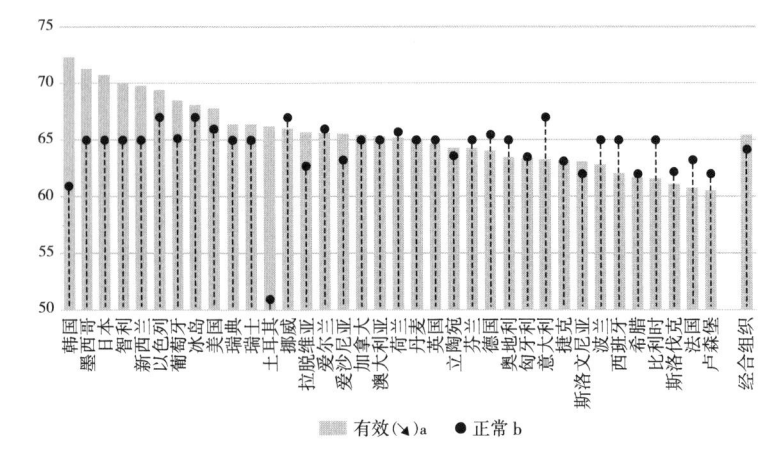

图 2-1　2013—2018 年平均有效退休年龄与正常退休年龄

多）会工作到远远超过领取养老金的年龄。工作文化鼓励延长工作年限（或者国情需要延长工作年限），意味着就应对老龄化带来的经济挑战而言，这些国家比德国等领取养老金和有效退休年龄较低的国家更具有优势。选择退休的时机非常重要，因为在一些国家，人们在较年轻时尽管无法申请全额退休福利，但是可以申请部分退休福利，而且还有其他退出劳动大军的方式，比如申请残疾或失业补助金。在德国，2014 年退休的人中约 56% 属于提前退休。在意大利，男性可以在 67 岁（经合组织称之为"正常"退休年龄）时领取全额退休金，但通常男性的退休年龄会提前 5 年。一般来说，尽管女性寿命更长一些，但是她们比男性要早退休一两年。在 20 世纪六七十年代，经合组织成员国的预期寿命都比现在短，有效退休年龄却比现在要高，不过日本和韩国这两个国家例外。

1889年,德国采取了一个与就业相关的强制养老计划,费用由个人、雇主和政府承担,不过当时的德国总理奥托·冯·俾斯麦无法预见仅仅100年后德国人口结构就会发生转变,国家几乎不堪重负。总的来说,这些制度已经达到目的:提高了最贫困老年人的生活水平。在美国通过《社会保障法案》的前一年,超过一半的老年人无法养活自己。就连持保守态度的美国彼得·彼得森基金会都承认,如果没有社会保障福利,今天三分之二的美国老年人都会陷入贫困之中。当我们讨论老龄化在全球蔓延时,记住这一点非常重要,因为有的地区没有相关福利,生活在那里的老年人可能就没那么幸运了。

*　*　*

　　老龄化引发老年人口与年轻人口的比例发生结构性变化,这就意味着退出劳动大军的人数要大于进入劳动力市场的人数——这是大约一半的经合组织成员国的情况。那么,为了减轻老龄化带来的经济冲击,世界各国做出了哪些选择呢?

　　目前,各国主要有4种选择:增加移民数量,提高退休年龄,削减福利,为国内劳动者提供更多的就业机会。有人估计,为了增加劳动力,欧盟要么需要增加1亿移民(这是不可能实现的),要么在21世纪中叶将退休年龄提高10岁,并提高劳动参与率。提高退休年龄一直在缓慢进展中。在许多情况下,退休年龄最初设定得很低,因此想提高退休年龄在政治上一直困难重重，而且只能渐渐推进。如果是今天第一次制定相关法律，退休年龄可能会高出很多，就像预期寿命高了很多一样。但是现在，退休年龄能提高一到两年就被认为是一种"胜利"，而且为此总会出现矛盾纠纷。在法国，法定退休年龄为62岁，2019年提出将64岁定为全额领取养老金的年龄，结果抗议持续了整个12月，导致繁忙的假期交通被迫关闭。2015年9月至2017年9月，在34个经合组织成员国中，只有6个国家改变了法定退休年龄，1/3的国家改变了缴费水平，1/3的国家改变了部分或所有退休人员的福利。通常来说，到2060年这些改革将使经合组织的平均退休年龄达到略低于66岁。这是一大进步，但是经济问题依然存在：就经合组织的平均水平而言，今天如果一个人活到65岁，那他预计还能再活21年。削减福利这种提议经常意味着提高退休年龄，这在政治上同样令人不快。2017年，6 000名巴西人走上里约街头抗议养老金改革提案，其中便包括提高退休年龄和削减养老金数额。

最后一种选择是让人们工作更长时间，或者（重新）接收由于各种原因而未充分就业的人，主要包括女性、因技能无法满足市场需求而未充分就业的人以及老年人。不同社会有不同的工作文化，人们的法定退休年龄与实际退休年龄之间的差距便是其中的一个方面。老龄化国家没有统一的退休模式。尽管在一些国家，人们甚至在法定退休年龄之前就试图离开劳动力市场，但是在日本，情况却恰恰相反。日本人一直在争取老年继续工作的权利，要求取消强制性退休和年龄歧视。历史上，日本女性和老年人的劳动参与率很低，但日本女性和男性保持着最长平均健康寿命的世界纪录：分别是 75 岁和 72 岁。与欧洲许多国家一样，日本一直在努力减少老年人加入劳动者行列的障碍，而且也取得了成效。黄金年龄（prime-age，这种说法更加准确，即 20～64 岁）人口到 2035 年将减少 15%，但是工作制度也在发生变化。从 2000 年到 2016 年，55～64 岁的人口就业率增长近 10%，2016 年 65～69 岁的人口中有近 43% 的人在工作。"弹性退休"允许工作的人领取部分福利，或者减少提前退休的人的福利。到目前为止，这种做法在出现老龄化的经合组织成员国并不受欢迎，但它有望减少福利支出，通过增加劳动力来促进经济增长。

我要强调前面提到的一点：在现代资本主义经济体系中，成功的标志是增长。对于人口不断减少的国家来说，这仍然是衡量成功的正确标准吗？我们所有的理论、计算和指标都是针对经济永久增长这一目标的。这是衡量一个国家经济健康状况的标尺，所以我们都对人口老龄化充满担忧。我在大学讲授的是环境政治，我每天都要告诉年轻人他们接手的是一个分崩离析的世界。我们有必要从其他角度来考虑经济健康问题，而不是仅仅局限于永久增长。

如果我们坚持不惜一切促增长的原则，那么人口老龄化甚至会带来经济机会。经济学家预计，老龄化社会的消费将日益转向服务，尤其是医疗保健，而远离消费品或住宅等资本密集型商品。这一转变意味着老龄化国家的经济增长仍然是可能的——制药公司和医疗行业的其他公司将从人们增加的支出中获益。这也意味着某些经济行业可能会增长,而其他行业会停滞不前。麻省理工学院年龄实验室的主任约瑟夫·库格林博士提及发达国家已经认识到老年人追求休闲,只需要助听器、行动辅助设备等有助于他们安度晚年的产品。他认为这类观点完全是有误导性的,导致大量的消费群体未被开发。一些行业,比如医疗保健行业,会因为老年人比例较高而蓬勃发展。但是在儿童数量众多的地方,人们可以通过儿童商品来赚钱。苏斯博士出版《圣诞怪杰》的1966年正是美国婴儿潮的高峰期——把握的时机真是"恰到好处"。① 现在,高峰期出生的婴儿已经变老,所以人们有机会向这个巨大的市场销售产品和服务。由于老年人的储蓄往往多于任何一代人,针对这一群体的产品和服务也是潜在的增长领域。老年人开销很大:2015年,美国50岁及以上的人消费了5.6万亿美元,而50岁以下的人则消费了4.9万亿美元。

当老年人和政府都在探索如何满足个人财务和国家财政的需求时,我们有充分的理由相信家庭必将遭受"池鱼之殃",政治关注的是谁会获得利益、获得什么利益、何时何地获得利益,政治总是需要做出平衡。但是老龄化社会要平衡什么呢?为了政府补助而牺牲教育吗?为了老年人的医疗保险而牺牲军费开支吗?

---

① 苏斯博士的6部作品因涉嫌种族歧视而被禁止出版。——编者注

需要赡养的老年人越来越多，但是年轻劳动力却越来越少，那么谁将首先承担这份压力呢？

在某种程度上，答案取决于政治制度放大或削弱呼声的方式。如果一个社会的"老年人"团结在一起，无论是哪个国家，都可能会倾听他们的声音。但是他们真能一致吗？虽然在美国和日本等国家，投票的老年选民人数远远高于年轻选民，但是投票人数并不能完全反映老年群体的影响力。到目前为止，年龄还不是最重要的特征。我尚未见过印有"灰色自豪"字样的T恤（这么说来，我算是可以注册商标了吧），这背后至少有三个充分的理由。

首先，年龄是动态的，并非永久不变，这意味着每个人都会经历不同的年龄阶段；而其他的分类，如社会阶层或文化身份，则各自设定了界限。在早期的一项人口学研究中，我发现在日本、德国和意大利这三个老龄化最严重的国家，截至2008年，年龄尚未成为一种具有凝聚力的身份认同，它还无法取代地域认同。从政治上讲，一个16岁的巴伐利亚人与一个60岁的巴伐利亚人的共同点，要多于他和住在德国东北部的同龄人的共同点。我们可以看到同一年龄段的人对政党的偏好存在很大差别，种族、阶层甚至性别往往要比年龄更重要。

其次，老龄化问题对所有人都很重要，因为有朝一日每个人都会变老。

最后，老年人并非纯粹以自我为中心，他们也乐于支持其他年龄群体。比如在美国，祖父母和外祖父母每年花在孙辈身上的钱累计高达 1 790 亿美元。

尽管没有明确的证据可以证明投票正在催生一种老龄化政治，但是这个广阔领域值得未来的研究人员积极探索和关注。

* * *

在发达国家，老年人越来越多，需要的国家资源也更多。要为这些福利买单，就需要年轻一代付出更多，因此年轻一代担心自己将无法共享国家的繁荣。但是在另一个方面，许多老年人担心随着家庭规模缩小，照顾他们的年轻人太少，社会会抛弃他们。日本越来越多的老年人因轻微犯罪登上了新闻头条，他们之所以犯罪，通常是为了在监狱找一个落脚之处，这样他们就能获得他人的照顾，因为很多人已经不能再依赖子女的照顾了。美国《商业内幕》曾经报道，每 5 名日本罪犯中就有一名是老年人，这本身并没有多大意义，因为罪犯也会变老。但是要看到一点，90% 的老年女性选择入店行窃，这样她们就可以不用造成人身伤害而被捕入狱。日本的老年罪犯不仅能享用一日三餐，找到落脚之地，还能得到特殊的医疗照顾。事实上，监狱已经变成了"养老院"。

这些报道和老年人留给他人的普遍印象，可能会让人觉得他们都渴望获得额外的社会保障和来自家庭的接济。其实，许多老年人既可能从年轻的家庭成员那里得到资源，也同样愿意与他们分享自己的资源，曾经得到祖父母或外祖父母看护的人都清楚这一点。代际转移并不是单向的，也并非局限于一个方面。这些转移可以采取的形式包括时间（陪伴）和共同居住，也可能是资产转移，这意味着金钱或物质支持。老年人还为年轻一代提供重要的交流，比如情感支持。在很多方面，社会中的年轻人和老年人都是一种共生关系。在荷兰，有些公寓混住着大学生和老年人——与中年人相比，这两个群体相对贫穷。这种制度行之有效，因为年轻的荷兰人有更多的时间去做志愿者，帮助年迈的邻居。意大利是欧洲老龄化最严重的国家（与德国并列），而米兰是意大利生活成本最高的城市。米兰的"带一个学生回家"项目将老年人与大学生配对，帮助这两个群体应对孤独和经济挑战。该项目由一个名为"米兰会更好"的机构运营，自2004年以来已经成功配对600组老人和大学生志愿者。在世界各地和不同的社会中，人们对年轻人照顾老年人的期望存在巨大差异，这往往取决于一个人是富裕还是贫穷，是男性还是女性。压力并非平均承担，利益的分配也不均等。然而，在讨论衰老时，我们常常忽略了这些区别。

在日本，老年人可能会选择进监狱，但是在新加坡，如果成年子女忽视了自己的长辈，他们将面临惩罚。1995年新加坡的《赡养父母法令》（以及2010年的修正案）规定成年子女有照顾年迈父母的法律责任。在一项学术研究中，我和同事发现新加坡的政策试图将一种做法制度化。这种做法鼓励个人承担人口老龄化的费用，而不是让国家承担。这种"儒家文化下的福利国家"

模式强调的是社会责任。

当然，在世界各国，甚至在文化相似的国家之间，并非只有一种赡养方式。例如，亚洲国家的赡养方式差异就很大。在中国，人们仍然寄希望于家庭责任，即由儿子照顾年迈的父母；这种期望使男孩比女孩更有价值，这也是实施独生子女政策期间女胎流产率高的原因之一。如果一对夫妇只能生一个孩子，他们需要保证生的是儿子，这样在自己年老时就能得到照顾。同样，在新加坡，老年人对儿子的依赖程度远高于女儿。但是在菲律宾和泰国，老年人对儿子或女儿的依赖程度并没有明显的差别。在一些国家，老年人更有可能得到女儿的照顾，而在另一些国家，他们更有可能得到儿子的照顾。因此，研究人口老龄化时，我们需要意识到让社会适应人口变化并非万全之策。

关于人口老龄化的影响，我经常听到两个大胆的论断。第一个论断是政府着手行动，给老年人更慷慨的支持，因为他们的数量正在增加。但在一些面临人口老龄化的国家，老年人的社会保障或养老金覆盖面都有限。这对国家而言是好消息，因为随着人口老龄化，财政负担相对较轻，但是对老年人却是坏消息，因为他们的贫困率可能会更高，容易被忽视。

第二个论断是，出现老龄化和人口萎缩的国家必将开始接收移民。如果一个国家出现人口老龄化、劳动力减少，最令人担心的是缺乏足够的劳动力养活那些享受社会保障和医疗保健等福利的老年人。这种担忧不无道理（尽管计算起来并非那么简单），所以许多国家选择通过移民等方法引进外来人口来补充本国劳动力。但是，并非每个国家都这样做。日本会引进少数具有专业技能的人，但是会缩减规模，而不是冒险引进大批不同文化的外来者。在日本，只有1.7%的人口（约220万人）是外国人或在外国出生的人。到2060年，每两个退休人员将由三个劳动力赡养，但是尽管劳动力正在减少，日本也不必然向移民敞开大门。日本有多种选择，其中一个是保持族裔同质性，而不是接收外国移民——目前，这似乎是首选。2010年，《朝日新闻》调查日本人对"接收移民以保持经济活力"的看法，结果26%的受访者表示赞成，65%的人表示反对。但是，选择是会产生后果的。截至2018年11月，即使为非熟练外国劳动力发放了签证，求职者与空缺岗位的比例仍然达到100∶163。用日本前首相安倍晋三的话来说："我们不考虑采取所谓的移民政策……但是为了应对劳动力短缺，我们将放宽现有制度，在特殊领域接收外国劳动力。我们将接收具有技术和工作能力的外国劳动力，但是仅在一段有限的时间内。"尽管日本是一个族裔同质的国家，但是大多数日本人都支持吸收外来务工人员的计划，可能是因为日本再三强调这是一项临时计划。然而，如果临时计划变为永久计划，那就会引发政治和社会后果。

移民可以抵消人口老龄化的影响，却无法扭转这一趋势。大量移民的涌入会带来社会挑战（第四章将会对此进行详细讨论）。在全世界，由于家庭与国家的关系多种多样，人口老龄化的社会含义也各不相同。在每个国家的不同文化中，老年人都需要被照顾，所以必须有人去照顾他们，否则他们就会被忽视。多代人同住或引进外来养老护理员等创新解决方案可以暂时发挥作用，但是我们需要全面的创新解决方案，而不是权宜之计。

案例研究："老年和平"？

最后，我们再探讨一下人口老龄化对国家安全意味着什么，老龄化将如何影响潜在的全球权力转移。从修昔底德到亨利·基辛格，有许多著名思想家认为庞大且健康的人口是国家力量的源泉。大量达到服兵役年龄的男性可以被征召入伍，补充国家兵力。这些年轻人也处于最佳劳动年龄，他们可以推动经济发展，而经济一旦取得成功，也有助于国家获得全球影响力。同样，正是由于这些原因，许多人质疑人口老龄化国家能否继续补充兵力或经济来源，又或者能否与世界各国同台竞争。例如，2014 年俄罗斯与克里米亚之间发生军事行动时，美国以北约成员国的名义要求增加军费开支。德国自 2017 年以来一直希望到 2024 年将现役士兵人数增加约 20 000 人。由于人口老龄化，这绝非易事，因此德国开始招募未成年人（17 岁，有一些服役限制）和欧盟其他国家的移民来填充自己的军队。

老龄化会影响一个国家应对安全威胁的防备程度，我们从几十年来一直处于冲突边缘的韩国和朝鲜身上就能窥见端倪。韩国的首都是首尔，人口占韩国总人口的一半，距离非军事区只有50多千米，距离朝鲜首都平壤不到200千米。韩国政府曾估计本国人口将在2020年以后开始萎缩，后来进行了修正，认为人口随时可能出现首次下降。在最悲观的情况下，韩国人口将从目前的5 100万减少到2067年的3 400万左右。韩国老龄化的速度非常惊人——到2062年，其年龄中位数将超过62岁。这意味着将近一半的人口接近退休或已经退休，即使人口增长速度处于中等水平，这也将使韩国成为世界上平均年龄最高的发达国家之一。朝鲜也面临严重的人口问题，但是联合国估计其总和生育率为1.9，低于更替水平，这仍然比韩国高出接近1。韩国拥有约62.5万名军人，而朝鲜则拥有约120万。

老龄化也会影响一国加强或维持国防的意愿和能力，成为决策的基础。但是亚太地区的局势表明，老龄化并非军事决策的唯一影响因素。日本是老龄化国家的先行者，但是国防支出比第二次世界大战结束以来任何时候都多。日本已经修改了法律，放松军事限制，增加国防预算，加强同盟关系，通过投资使经济适应人口老龄化。

在21世纪的前十年，俄罗斯似乎走到了危机边缘。俄罗斯对化石燃料的依赖度高，却保持着较低的石油价格。美国战后在中东地区施加影响，在阿富汗长期驻军。北约向靠近俄罗斯边境的地方扩张，这让俄罗斯感到不安。西方媒体经常报道俄罗斯的人口危机——出生率和预期寿命都在下降，这可能会导致俄罗斯人口锐减。

几十年前,俄罗斯还是冷战时期全球的两大强国之一,但是从 1996 年到 2009 年,俄罗斯的总人口一直在减少(此后出现攀升,但在 2020 年再次下降)。2006 年,俄罗斯宣称人口下降成为该国面临的最大危机之一。2008 年 8 月,格鲁吉亚对南奥塞梯采取军事行动,俄罗斯为保护本国公民进行军事干预,随后承认南奥塞梯独立。2009 年,俄罗斯与乌克兰、格鲁吉亚在天然气供应上发生争端,切断了对后者的天然气供应。2014 年,俄罗斯进入克里米亚进行军事演习。2015 年,应叙利亚总统的请求,俄罗斯军事介入叙利亚。这些行为让俄罗斯在国际社会备受争议。一个人口老龄化和人口日益减少的国家理应减少军事行为。我认为如果这些行为超出了早期人口老龄化理论的预期,也许应该重新调整对老龄化和国家安全之间关系的预判。一个相关的理论浮现在我的脑海中:权力转移理论。这一理论认为,一个国家即使国力衰退,但是只要有能力,它仍然会采取挑衅行动。借助该理论,我将俄罗斯的行为解释为最后的冒险,这也能解释为什么快速老龄化的日本正在加速扩军。

我们应该考虑人口变化对俄罗斯军事战略和能力的不同影响。对人口老龄化国家而言,网络战略的转变是一种路径,因为技术可以弥补人力的不足。在 2016 年美国总统大选期间,俄罗斯被指控转向网络利用社交媒体传播虚假信息。社会需要劳动密集型产业雇佣日益增多的年轻人进入劳动力市场,但是对俄罗斯经济至关重要的自然资源不属于劳动密集型产业，因此对不断萎缩的人口而言是一种宝贵的资产。

上述国家的情况告诉我们，如果面对的威胁等级足够高，决策者会选择枪炮而不是黄油。人口老龄化的国家仍然可以成为军事强国。军队越来越依赖技术，这种技术不需要士兵置于危险之中，甚至根本就不需要士兵。老龄化国家也可以通过结盟获得数量优势。在欧洲，欧盟成员国一直在努力提高作战效率。每个国家都致力于发挥自己在空军、海军、陆军等领域的相对优势，使各个成员国的军队互相补充，打造一支快速反应的欧盟军，避免人员过剩或竞争。

的确，老龄化将在一定程度上降低国家投射政治、经济和军事力量的能力，从而对全球安全产生影响。有些国家的情况要好于其他国家。但是在将来，老龄化国家没有军队是无法想象的。尽管人口都在减少，但是它们都有符合服役条件的男女青年。换句话说，我们几乎没有理由相信"老年和平"即将实现，但是有足够的理由认为这些国家会继续保持军事实力。

* * *

关于人口老龄化的影响，我们可以得出什么结论呢？第一，多种因素可以改变老龄化国家走向经济不可持续道路的论断。对劳动年龄人口不断减少的国家而言，日益普及的技术自动化可以创造有效的劳动力替代品。然而由此会产生一个问题：虽然可能会取得社会效益或经济效益，但总会有人受到损失。如果整个行业发生转变，从事体力劳动的岗位将面临被取代的风险。除了自动化以外，随着老年群体的工作寿命延长，家庭友好型政策使女性更容易兼顾工作和抚养孩子，劳动参与率可能会发生变化。

第二，老龄化国家日益多样化，意味着非西方国家正面临新的老龄化问题，而且它们应对老龄化的方式可能会不同于第一批老龄化国家。这些非西方国家包括古巴、中国和其他第二批老龄化国家。需要特别指出的是，一些国家制定的提高退休年龄的政策或减少老年人社会福利的政策将增加家庭或个人的压力。在西方国家，提高领取养老金的年龄在政治上几乎是不可能的；但是在贫穷国家，我们能设想它们有能力承受住压力，为越来越多的老年人扩大福利覆盖面吗？从目前看到的情况判断，不是所有国家都能提供像经合组织发达成员国那样的老年人健康福利。其实，人口老龄化不必然导致新的第二批老龄化国家破产，但它一定会增加老龄化家庭成员，尤其是女性的压力。我认为我们应该更多关注贫穷国家如何分配经济资源。在第一批老龄化国家中，在老龄化成为问题之前，福利和退休政策就已经制度化了，现在已经很难改变。至少在第二批老龄化国家中，一些制度在老龄化之前并不存在。到2035年，至少还有20个国家可能会加入现有的54个年龄中位数超过35岁的国家行列，这取决于在此期间生育率的变化。有望加入"老龄化国家俱乐部"的国家包括伊朗、突尼斯、越南、土耳其、沙特阿拉伯和墨西哥，它们将会带来更多的政治、地理和文化多样性。老龄化很快将真正波及每一个大洲，不过撒哈拉以南非洲地区的大部分国家即使正在进行人口转变，也仍然处于早期阶段。

第三，世界各地的公民对政府的期望是不同的。反过来，年轻人与老年人或国家与个人之间所谓的社会契约，可能会在老龄化国家导致截然不同的政策结果。其中一种选择是移民。正如日本的情况，老龄化国家不一定会向移民开放，以填补因老龄化出现的劳动力短缺。但是，德国等一些国家正在选择这条道路，它们的种族构成也会因此而发生变化。社会的变化也会对老龄化产生影响。不同的年龄群体，如"年轻人"或"老年人"，并不是一成不变的。随着各国开始重新定义"老年"的含义，老龄化造成的影响可能会减小，尤其是考虑到重新定义会涉及延长劳动年龄（兼职工作也包括在内）和为年轻一代付出时间，如社区志愿服务或照顾子孙后辈。最后，随着人口萎缩以及对资源施加压力的消费者减少，环境压力也将有所缓解，这可能是一个利好因素。在本章和前一章中，我们已经看到低生育率是如何影响各个社会的年龄构成的，但这只是问题的一部分。为了加深认识，我们需要探讨人口变化背后的第二种根本力量：死亡率。

第三章

10 亿种死亡方式

世界知名的医学杂志之一《柳叶刀》于 1823 年创刊。今天，这个杂志上发表人工智能技术应用于生物医学工程的文章，但在过去，"柳叶刀"专指给病人放血的工具，杂志的名称正是由此而来。给病人放血是一种治疗疾病的原始手段。不论是用刀切开皮肤或者放置水蛭放血，还是种植芳香灌木抵御瘴气，都是过去的错误疗法，对治疗疾病几乎毫无效果。这些治疗方法在今天听起来匪夷所思，但是正如《死亡地图：伦敦瘟疫如何重塑今天的城市和世界》的作者史蒂芬·约翰逊所说："在 19 世纪，对大多数执业医生来说，细菌传播疾病的想法就像幽灵的存在一样令人难以置信。"然而，对于少数科学家和医生来说，这种想法听起来并非那么疯狂，因为他们曾经挽救了很多人的生命。其中一位是雅各布·亨勒。在 1840 年的一篇《关于瘴疫和传染》的文章中，亨勒将有毒气体的流行说法与他早期形成的现代细菌疾病理论进行了比较。20年后，法国科学家路易斯·巴斯德证实了是两种微生物导致的蚕病，这种传染病曾使这个利润丰厚的产业遭到重创。1882年，巴斯德在德国医生罗伯特·科赫早期研究的基础上制成了炭疽疫苗。巴斯德还利用死于炭疽病的羊培养炭疽杆菌注射给老鼠，由此证明细菌可以传播。众所周知，科赫的助手朱利叶斯·理查德·佩特里发明了皮氏培养皿，他利用这种培养皿为科赫培养细菌。

巴斯德和科赫等科学家是最早通过科学来证明接种优点的人，但他们并非最早发现接种具有神奇效用的人。欧洲有记录可载的疫苗接种始于16世纪，但是与今天的无菌接种截然不同。在20世纪疫苗被广泛使用之前，接种者通常是从含有脓液的皮肤刮屑中分离病毒，将其注入未破损的皮肤，产生温和的免疫反应。全世界许多国家都在采用这种人痘接种方法，中国、印度、古代伊朗、欧洲和美洲殖民地等也是如此。17世纪，在一个黑人奴隶的建议下，曾参与塞勒姆女巫审判的牧师科顿·马瑟在美洲殖民地尝试接种天花疫苗，阻止了一场本可能会发生的致命传染病。今天，麻疹疫苗每年能挽救150万人的生命。但是在这种疫苗被广泛使用之前，90%的美国儿童在15岁之前都感染过麻疹病毒，每年有成千上万人因此死亡或受到伤害。自发明疫苗以来，接种技术已经取得了长足进步。新冠病毒疫苗不涉及注射病毒——连灭活病毒或弱化病毒都没有。科学家将携带病毒蛋白遗传信息的信使RNA注射进入人体，在病人身上检测免疫反应。

尽管疫苗有优点，但在许多方面仍存在争议。早期，许多人对接种新冠病毒疫苗犹豫不决，因为他们对审批程序不信任，想看到接种者出现长期效果后再接种。有人对土耳其安卡拉市立儿童医院患儿的 428 名父母进行调查研究，结果发现 66% 的家长不愿意接种外国疫苗，37.4% 的家长不愿意接种本国疫苗。由此可见，他们明显不信任外国疫苗。虽然脊髓灰质炎几乎已经被根除，但是全球卫生界还不能庆祝胜利，因为阿富汗和巴基斯坦仍有一些人没有接种疫苗。据全球根除脊髓灰质炎倡议称，人们拒绝接种疫苗的原因是"信息错误、不信任、文化信仰、疲劳或其他事项"。

抛开因为应急研制而导致临床试验不足的新冠病毒疫苗不提，有些人因为毫无根据地害怕疫苗会导致孤独症或者不够安全，拒绝接种研制已久的常规疫苗。与此同时，还有许多愿意接种疫苗的人却没有机会接种。新冠肺炎疫情初期，"疫苗民族主义"一词受到国际社会的关注，美国此时深陷舆论之中。2021 年 2 月，联合国秘书长安东尼奥·古特雷斯指出，尽管疫苗接种推广工作正在进行，但是当时只有 10 个国家接种了占全世界 75% 的疫苗。古特雷斯说，130 个国家尚未收到一剂新冠病毒疫苗。之后，随着美国疫苗接种率的提高，疫苗的分配才得以改善。"囤积疫苗"加剧了富国和穷国之间的卫生不平等，但这远远不是贫穷国家为民众接种疫苗面临的唯一问题，而且提供疫苗也不足以阻止疫情在全球传播。最贫穷国家的人口也最缺乏防护。这些国家即使拿到了疫苗，发放起来也困难重重，原因包括冲突频发、卫生系统薄弱、交通不便等。

就卫生服务而言，富国和穷国的差距确实令人震惊。我第一次准备去卢旺达旅行前，把车停在离家 5 分钟路程的一个单体购物中心，走进孟菲斯比萨餐厅点上晚餐，然后去隔壁的私人疫苗接种和健康服务中心打伤寒疫苗和甲肝疫苗，开了治疗疟疾的药，之后去取比萨。所有这些都在 30 分钟内完成，而且是在没有预约的前提下。在也门，由于爆发了激烈的内战，霍乱疫苗在联合国包租的飞机上存放了 16 个月。也门暴发的霍乱疫情是目前世界上规模最大的一次，从 2016 年 10 月至 2020 年 12 月，病例累计超过 250 万。

* * *

人类历史的很大一部分是关于人类与自然斗争的故事。大多时候都是自然获得了胜利——请记住，直到 1800 年以后，全球人口才达到 10 亿。但是，在过去的几个世纪，这场战争变得更加势均力敌。在世界大部分地区，人类比自然更胜一筹，出生人数超过死亡人数便是证明，这也直接导致了全球人口快速增长。

我们对疾病和死亡的控制，是重塑全球人口形势的最强大力量之一。今天，在高收入国家中死亡的大多数人都是老年人；在世界上最贫穷的国家，死亡人口中近 1/3 都是 5 岁以下的儿童，还有超过 1/3 的儿童因营养不良发育迟缓。在许多贫穷国家，富裕国家已经根除的疟疾等疾病仍然猖獗——每 2 分钟就有一个幼儿死于疟疾，而且几乎只发生在低收入国家。2016 年，不同收入国家预期寿命的差距达到 18.1 年。在低收入国家，不到 60% 的新生儿能活到 70 岁，但高收入国家超过 80% 的新生儿预期寿命超过 70 岁。政治能力、政治意愿、基础设施、制度和资金方面的差异，造成国家之间和国家内部的卫生状况差距。无论我们讨论的是流行病还是怀孕情况，这些因素都至关重要。

尽管人类在降低死亡率方面取得了巨大进步，但总有新的挑战出现，比如 2021 年初正在研发新冠病毒原始株疫苗时又出现了新毒株。这些挑战是我们无法控制的，但也有一些是人类咎由自取的，比如气候变化有可能引发新的疾病，加工食品的"进化"和久坐不动的生活方式提高了癌症、心脏病和中风的发病率。健康是社会繁荣的关键，但我们在这方面的投资还远远不够。健康经常被政治化，保健系统如此，政府提供医疗服务或医学知识也是如此。

2020 年新冠肺炎疫情在世界各地疯狂传播，而在过去 30 年中，已经有 30 多种新的传染病感染人类，其实它们一直都与人类共存。人畜共患病，或者说起源于动物的传染病约占 75%。大多数人都听说过鼠疫和狂犬病，鼠疫是由啮齿动物传播的，狂犬病是由狗或浣熊等动物传播的。埃博拉病毒也是热带雨林的动物

（可能是蝙蝠或黑猩猩）向人类传播病毒而产生可怕的后果。人口因素，即城市面积扩大、人口增长和流动性，在这些新传染病的传播中发挥了重要作用。农业活动，特别是那些干扰热带雨林等栖息地、使人类与动物发生密切接触的活动，也会助长新病毒的产生。

社会和政治因素也有影响。例如，冲突不断的国家更容易导致疾病暴发。2018 年 8 月，刚果民主共和国面临着致命的埃博拉病毒的第 10 次暴发，这一次是在靠近乌干达的北基伍省。反政府武装在这里疯狂争夺黄金、钻石和钶钽铁矿等。刚果民主共和国非常贫穷，缺乏卫生系统和基础设施治疗疾病，由此加重了公共卫生问题。武装冲突带来了更多挑战：大量人口背井离乡、流离失所，导致营养不良和社会关系破裂；冲突常常导致基础设施遭到破坏，医疗服务更加困难。

拥有少量垃圾处理基础设施，外加适当的政府治理，就可以改善健康状况。然而，贫穷国家几乎没有基础设施和相关制度。世界许多地方仍然无法获得医疗保健服务，即使有这种服务，成本往往也高得惊人。2017 年，只有三分之一到二分之一的世界人口能享受到基本的卫生服务。医生、护士、牙医等相关人才短缺也是一个重要问题。2014 年利比里亚埃博拉疫情暴发之初，世界卫生组织报告称当地平均一名医生要为 10 万人提供医疗服务。

在死亡率高的国家，获得先进的医疗保健并非显著改善健康的先决条件。即使采取洗手等简单措施也能有效控制疾病传播。这在富裕国家是难以理解的，但是在贫穷国家，相当于每天有装满32辆校车的儿童死于痢疾。从2000年至2017年，每年死于痢疾的5岁以下儿童数量下降了60%，但显而易见，这个问题仍然严重，而且是可以预防的。口服补液盐溶液通常是盐、糖和水的简单混合物，与我给发烧的儿子服用的倍得力电解质冲剂没有太大区别，但是它已经拯救了全世界5 000万人，其中大多数是欠发达国家的儿童。如果能有条件使用这些溶液，多达80%的霍乱病例可以得到有效治疗。

虽然健康面临的挑战不容易预防，但是更加有效的规划却有助于减轻其影响。病床等基础设施、通往医院的便利交通和专业的医疗人员都可以成为挽救病人的因素。

* * *

应对传染性疾病取得了进展，延长了全世界人类的生命，但是人活得越久，就越有可能死于心脏病或癌症等非传染性疾病。学者研发了流行病学过渡模型，用来描述社会层面发生的转变：过去是婴儿和儿童死亡人数居高不下，外加饥荒和流行病造成大量死亡，而现在主要是由非传染性疾病导致的。换句话说，死亡的主要原因已经从传染性疾病向慢性疾病转变。华盛顿大学健康指标与评估研究所的数据显示，2017年，在世界上最健康的国家之一日本，民众的主要死因是阿尔茨海默病（自2007年以来增加了57.7%)、缺血性心脏病（因血管狭窄或堵塞导致心肌缺血，增加了16.4%)、中风（增加了13.17%)、下呼吸道感染（增加了30%)，以及肺癌、大肠癌、胃癌、胰腺癌、肝癌等各种癌症。在该研究所划定的与日本同类的国家中，这些疾病都非常典型。百分比的上升本身并不值得警惕，因为在那些已经完成人口和流行病学转变的国家，非传染性疾病的发病率将明显高于传染病的发病率——它们的人口必然会死于某种疾病。如果除了这种情况或者是在更早的年龄段发现非传染性疾病，我们就更有理由提高警惕。

一般而言，这些所谓的生活方式疾病是富裕国家人口死亡的原因，但是更出人意料而且更具有挑战性的是，这些疾病在尚未进入高度发展阶段的国家变得更加流行。

美国对外关系委员会的托马斯·博伊基指出，病毒、细菌和其他传染性疾病有史以来第一次不再是世界各地死亡和残疾的首要原因。世界卫生组织的数据显示，2016年全球死亡人数的71%来自非传染性疾病。其实，世界上只有两个地区的传染病造成的死亡和残疾超过8%，即南亚（20%）和撒哈拉以南非洲地区（略低于44%）。这比2011年有所下降，当时传染病在这两个地区造成的死亡和残疾占大多数。从表面上看，这是好消息，但博伊基看到了一个更深层次的问题：贫穷国家取得这些进步是通过外部干预，并没有提高本国处理这些问题的能力，也未建立相关的制度。心脏病、糖尿病和癌症等非传染性疾病甚至在贫穷国家也成为主要的健康问题，但是这些国家并没有治疗这些疾病的基础设施，结果导致本国人口只能忍受疾病或者过早生病，这与发达国家截然不同。死于非传染性疾病较为常见，但问题是他们过早死亡，通常早于70岁。2016年，有1 500万人在30~70岁死亡，其中85%的人来自中低收入水平国家。从本质上说，贫穷国家不再经历富裕国家曾经爆发的疾病，这种跳跃式发展对年富力强的人产生了影响。

基础设施匮乏不仅仅影响非传染性疾病的治疗——2014年，埃博拉疫情迅速得到控制，但暴露出欠发达国家基础设施存在严重问题，而且过度依赖发达国家的援助。利比里亚是一个腐败国家，政府缺乏民众信任，在2014年埃博拉疫情最严重的时候，每周新增病例在300~400。与此同时，尼日利亚却只有19人感染、7人死亡，这要归因于政府备受赞赏的识别和追踪密接者的能力。其他疾病的情况也是如此。由于缺乏卫生基础设施和医疗救助，肯尼亚国会议员贾斯特斯·穆伦加于2020年11月因新冠病毒感染去世。肯尼亚的农村地区严重缺乏急救服务，穆伦加所在的地方就是如此。在肯尼亚，3/4的重症监护病房集中在内罗毕和蒙巴萨，而这个拥有5 100万人口的国家只有527个重症监护床位。人们把穆伦加送往最近的医院，但是这家公立医院没有医用氧气。后来他被送到20分钟车程外的一家私立医院，但为时已晚。西方国家即使拥有先进的医疗系统，在疫情防控期间也疲于应对。由此可见，医疗资源匮乏造成的后果有多么可怕。

传染病的跳跃式传播问题也波及其他人口领域。在18～19世纪，欧洲积累了传染病知识，制定了公共卫生法律，改善了医疗卫生基础设施，增强了政府的责任感，死亡率得以下降。随着家庭对孩子能活到成年越来越有信心，生育率随之下降。欧洲人口结构的转变是循序渐进的，持续了大约150年。在今天的欠发达国家，死亡率正在下降，但是速度很快——只有短短几十年，而且这些国家并没有像发达国家那样取得进步。因此，生育率不一定会以同样的方式下降，第一章提到非洲部分地区生育率转变"停滞"就是后果。另外，死亡率下降不再与经济增长、国家治理等其他发展标志密切相关。例如，尼日尔的健康状况有了显著改善：预期寿命有所提高，婴儿死亡率有所下降，艾滋病病死率十年内下降了近三分之二，疟疾、营养不良和腹泻也是如此。但是我们知道，如果没有教育进步等潜在的原因，生育率就不太可能迅速下降。尼日尔就是一个典型的例子，它是世界上生育率最高的国家，人口增长率为3.8%。

在欠发达国家，为非传染性疾病争取全球关注和资金也困难重重。在世界范围内，慢性病造成的死亡人数超过了所有其他原因。这些慢性病包括癌症、心脏病、糖尿病、哮喘等呼吸系统疾病。但是，当贫穷国家人口的患病风险因吸烟、缺乏运动、酗酒和不良饮食而增加时，有哪些国际捐助者愿意行动起来应对这些疾病呢？毕竟，患病风险都是咎由自取。

案例研究：孕产妇死亡率

全球平均每天有 808 名妇女死于妊娠和分娩并发症。这方面的主要衡量指标是孕产妇死亡率，即每 10 万例活产中孕产妇的死亡人数，通常从妊娠开始计算至产后，周期一年（只要是在此期间死亡的均计算在内）。2017 年，全球平均死亡率为每 10 万例分娩死亡 211 名产妇，这一数据掩盖了各国因经济发展水平导致的巨大差异。撒哈拉以南非洲地区的孕产妇死亡率最高，为 542 人，而低收入国家的总体死亡人数为 462 人。一个 15 岁的乍得女孩一生中死于分娩的风险为 1/15。然而在高收入国家，每 10 万例分娩平均只有 11 名产妇死亡，欧洲是 9 名，美国是 16 名。总之，低收入国家的孕产妇死亡率比高收入国家高 42 倍。

一些国家的情况比其他国家好很多，这表明如果妇女能够去保健中心孕检，或者由护理人员协助分娩，今天的大多数孕产妇死亡是可以避免的。华盛顿特区威尔逊中心的孕产妇健康倡议项目主任莎拉·巴恩斯说，由于缺乏熟练的接生员（助产士或医生），妇女经常会在分娩时死亡。妇女也会因为生育不够节制而死亡，如果生育时间间隔很短或生育年龄太小，女性分娩死亡的风险会显著增加。一些学者计算得出扩大节制生育覆盖范围可以将孕产妇死亡率降低三分之一。在分娩后，人类免疫缺陷病毒（HIV）携带者出现继发感染、败血症或病程加速的风险也更大。

在孕产妇死亡病例中，有四分之三是由产后出血、先兆子痫或子痫、产褥感染、不安全堕胎或其他并发症导致的。巴恩斯说，他们也开始看到心脏病、癌症等非传染性疾病日益成为孕产妇死亡的根本原因。

前述 808 名妇女几乎全部出现在贫穷国家，其中三分之二出现在撒哈拉以南非洲地区，但是孕产妇死亡率仍然是全球性问题。2018 年 1 月的《时尚》杂志刊登了一则悲惨的分娩故事：网球巨星塞雷娜·威廉姆斯生下女儿奥林匹娅后差点死于剖宫产并发症。威廉姆斯的故事令人惊讶，但它也揭示了美国在孕产妇和儿童健康方面存在显著的种族差异。在美国，黑人女性死于与怀孕或分娩相关并发症的可能性要比白人女性高出 243%。数据显示，导致美国黑人孕产妇和婴儿死亡率较高的原因是种族，而不是阶级。正如琳达·维拉罗萨为《纽约时报》撰写文章时所说的那样："一个拥有高等学历的黑人女性比一个没上到八年级的白人女性更有可能失去婴儿。"在发达国家，种族政治、阶级政治和性别政治贯穿于针对孕产妇死亡率的讨论中。

在欠发达国家也是如此。虽然我们可以将孕产妇的高死亡率归因于贫困，但总的来说健康是社会价值观的反映。正如我的同事、全球卫生研究员杰里米·尤德所描述的那样，针对妇女健康问题，相关的政治家会根据政治风向决定是否给予资金和关注。为了理解孕产妇死亡率为什么仍然这么高，尤德建议我关注她们在社会中的角色。尤德认为，孕产妇的死亡数据可以表明政府和社会对女性的重视程度。国家政治动态也关系到妇女生育安全努力的成败。尽管全世界在降低孕产妇死亡率方面取得了长足进步，但是尤德认为让每个人支持上述想法容易，但真正降低孕产妇死亡率却并非易事。降低孕产妇死亡率的倡议涉及政治，因为它与社会、经济和文化问题交织在一起。由于不同社会群体之间可能存在导致某些群体孕产妇死亡率升高的歧视（这种情况就发生在美国），或者存在关于早婚的文化规范，所以解决这一问题的政策需要考虑更多的背景。

埃塞俄比亚因为成功降低了孕产妇死亡率，成为最受国际捐助者关注的国家之一。在过去10年，埃塞俄比亚的童婚率已经大幅下降，但是目前它仍然是世界上童婚率最高的国家之一，它制定的目标是到2025年杜绝童婚。联合国儿童基金会的数据显示，在埃塞俄比亚1 500万18岁之前结婚的女性中，有600万是儿童新娘，她们在15岁之前就已经结婚。这些人大多数在青少年时期开始生育，在最近一次怀孕分娩期间得到熟练护理的可能性不大。联合国关于孕产妇死亡率的千年发展目标是将孕产妇死亡率降低75%。卢旺达是少数几个在2015年实现这一目标的国家之一。从1990年至2015年，卢旺达的孕产妇死亡率下降了78%，降至每10万例活产死亡290人。这一数据仍高于可持续发展目标，即每10万例活产不超过140名孕产妇死亡，且已经是巨大进步。

就重视女性而言，全世界都处于滞后状态。为了应对这些挑战，我们需要关注和资金，同时也需要数据：妨碍卫生部门取得进展的一个主要障碍是缺乏有用的数据。有用的数据有助于评估问题以及评价针对健康结局的项目是否取得成功。尽管我们已经看到性别与健康问题息息相关，但是世界卫生组织报告称，2019年可持续发展目标指标中只有不到一半涉及性别分类数据。如果不能借助统计数据证明存在问题，那么要解决问题无异于纸上谈兵。

*　*　*

在世界各地，社会经济条件对健康结局非常重要。尽管冷战期间美苏是世界上最强大的两个国家，但是它们都面临着严峻的健康挑战，这限制了它们潜在的成功和实力。

20世纪的苏联发生了政治经济危机，遭遇严重挫折，因此进步缓慢，无法赶上其他国家。苏联解体后，社会动荡不安，充满不确定性，导致本国人口预期寿命迅速下降。从1990年至1994年，俄罗斯男性预期寿命降低到57岁，比之前减少了6年多。尽管随着社会经济条件的改善和新政策的实施，预期寿命在2006—2016年间有所增加，但仍存在差距：今天俄罗斯1岁男孩的预期寿命与20世纪50年代末赫鲁晓夫领导下的苏联的1岁女孩的预期寿命差不多。实际上，俄罗斯的男女预期寿命差距位居世界第三，仅次于叙利亚和保加利亚。这一差距从1980年的11.6岁缩小到2016年的10.6岁，但是2016年男性的预期寿命只有65.4岁，而女性的预期寿命为76岁，是历史最高水平。

我们已经用不少篇幅讨论过预期寿命，但重要的是要有所区分并引入一个新的术语：健康预期寿命（HALE），即一个人可以完全健康生活的年数。预期寿命长意味着在整个生命过程中死亡率有所降低，这是一种利好，但是如果身体长期虚弱无力，人们将需要昂贵的护理费用，而且几乎不能为经济做贡献。家庭和个人承受的压力也大到可怕。如果预期寿命和预期健康寿命之间存在较大差距，即长期生活在糟糕的卫生条件下，这就成了问题。2016年，全球女性预期寿命和预期健康寿命之间的差距为9.5岁，男性为7.8岁。通常而言，女性一生的劳动参与率相对较低，但比男性寿命长许多年，这使女性年老时特别容易遭受贫穷和疾病。在俄罗斯，健康预期寿命短这一问题特别严重，会带来严重的社会经济后果：女性的健康预期寿命为67.5岁，而男性仅为60.7岁。人们不禁要问，为什么俄罗斯人的健康问题如此突出呢？

部分原因是俄罗斯男子嗜酒如命。"饮酒在俄罗斯举足轻重"，尽管这一说法并不新鲜，但它是正确的。15岁以上的俄罗斯人平均每人每年消耗11～13公斤烈性酒——相当于平均每年消耗30瓶蒂托伏特加，这在全世界无人能及。世界卫生组织称，俄罗斯直到2013年才将啤酒列为酒精饮料。在俄罗斯，不仅男性酗酒，女性也不例外。《柳叶刀》杂志发表了一项研究成果，研究俄罗斯从1980年到2016年的疾病和死亡情况，研究人员发现，在壮年时死亡的人中，大约有一半可以追溯到行为原因，如饮酒、吸毒和吸烟。具体来说，在15～49岁的人中，59.2%的男性和46.8%的女性因为这些行为导致死亡。缺血性心脏病和中风是造成他们过早死亡的两个主要原因。自我伤害排在第三位，这个顺序几十年来一直没有变化。甚至艾滋病问题也可以归因于酒精——嗜酒的文化传统导致了不安全的性行为。

但是社会背景很重要，社会压力是俄罗斯死亡率高的一个重要原因，其中的部分压力是苏联解体后政治经济巨变造成的。研究人员将这种压力与循环系统疾病风险增加联系在一起，而作为对压力的行为反应，饮酒增加会加剧这些疾病。对俄罗斯与波罗的海国家进行比较，就会发现有明显的证据支持这一观点。甚至在俄罗斯面临1998年经济危机等问题时，波罗的海国家最初也面临着类似的压力，但是在20世纪90年代末它们的预期寿命得以恢复。社会压力还有另一种表现方式。学者们提到俄罗斯的"堕胎文化"，这种文化将堕胎视为处理个人和家庭生活中医疗和经济难题的"正常方式"。1920年，苏联成为世界上第一个堕胎合法化的国家，有时堕胎率会追上或者超过出生率——1965年，堕胎数量是出生人数的3倍。俄罗斯卫生部长塔季扬娜·戈利科娃说，2009年俄罗斯登记的出生人数为170万，堕胎人数为120万。可以说，这也是一种公共卫生危机，因为意外怀孕可以通过避孕来预防，通常堕胎给母亲带来的风险要大于避孕。酗酒也会导致意外怀孕。与美国和德国相比，俄罗斯的堕胎率要高得多，每 1 000 名活产婴儿大约有 480 例堕胎，而美国和德国的堕胎率分别为 200 例和 135 例。

在俄罗斯，死亡率、社会压力和饮酒问题密切相关。因此，这三个方面的变化会共同产生作用。俄罗斯采取了两种最为有效的措施：一是提高酒类售价，二是增加酒类购买难度。由于这些政策，烈性酒和不受管制的酒类消费量大幅下降，结果从 2003 年至 2016 年，俄罗斯人均酒类消费量下降了 43%。极度危险的酗酒也减少了许多，不过仍然要比欧洲其他地方严重。这些消费变化大大降低了死亡率，包括与饮酒直接相关的死亡以及与暴力等次级相关的死亡。劳动人口死亡率和残疾率都很高，这显然是经济和军事面临的严重问题，因此俄罗斯不得不更加重视民众的健康问题。

现在，我们看向冷战期间的大国美国。美国有自己独特的健康问题，但是美国的经济状况要好于经合组织其他成员国。然而，随着时间的流逝，美国在社会经济和种族方面的差距仍然存在，经济状况也有所下滑。1960 年，美国的预期寿命在经合组织成员国中最高，比平均预期寿命高出 2.4 年。但是，到 20 世纪 80 年代，美国开始失去优势，到 90 年代，美国的平均水平开始低于其他成员国。从 1990 年到 2016 年，随着死亡率下降，美国的预期寿命略有回升；从 2006 年到 2016 年，美国的预期寿命整体上增加了 0.8 岁。这算得上是小幅增长，但远低于大多数发达国家预期寿命每 10 年增加 2 年的速度。值得注意的是，从

2014年到2015年，人口预期寿命实际下降了0.2，从2015年到2016年下降了0.1。发达国家不应该在这方面出现下降——预期寿命只能增加，否则就意味着出了严重问题。在美国，药物过量和自杀现象有增无减，导致预期寿命下降。儿童和青少年肥胖以及糖尿病、心脏病等相关并发症也起到了一定作用。新生儿早产并发症和吸烟等问题有所改善，从1990年到2016年下降了近43%，但是该利好却被高血压心脏病、自我伤害等更为严重的问题抵消。除了三个州之外，空腹血糖水平偏高人数和吸毒问题都呈上升趋势，而空腹血糖水平是诊断糖尿病的标志。问题还不止于此：由于新冠肺炎疫情非常严重，美国疾控中心估计2020年上半年美国人的预期寿命下降了整整一年。

尽管全美的情况非常糟糕，但是各州之间存在巨大差异。美国各州的人口预期寿命相差6.6岁，夏威夷最高，为81.3岁；密西西比州最低，为74.7岁。最高和最低健康预期寿命相差6.5岁，明尼苏达州最高，为70.3岁；西弗吉尼亚州最低，为63.8岁。阿片类药物泛滥对西弗吉尼亚州影响很大。这些寿命模式与社会经济和种族背景密切相关。例如在贫穷社区（有的社区大多数不是白人），几乎没有可供选择的健康食物或者户外娱乐机会。

在美国人健康状况持续恶化的过程中，其他结构性因素也起了一定作用（或许不那么明显）。2016年《平价医疗法案》为更多美国人提供了保险，但是仍有一些人没有任何保险。治疗糖尿病费用昂贵，而且患病人数将持续增加。在许多地区，获得医疗保健的机会很少，医疗保健的质量很低，但是费用很高。美国用于医疗保健的费用比其他经合组织成员国都多——接近占到GDP的17%，是经合组织成员国平均水平的2倍。2013年的一项研究发现，在美国，昂贵的医疗技术和较高的医疗保健价格是导致费用高昂的主要原因，而不是更为频繁的就医或住院。健康问题在美国年轻人中普遍存在，未来并不乐观，因为这些问题产生的影响在未来几十年才会出现，特别是在癌症等非传染性疾病的发病率方面。从1990年到2016年，体育活动呈上升趋势，但这不足以弥补不良饮食选择，而且超重和肥胖比例居高不下，甚至儿童也是如此。美国需要在广泛的领域进行重大改革，包括枪支改革、减少他杀和自杀人数、遏制日益增长的酒类消费和酗酒（尤其是女性酗酒呈上升趋势）以及诸如改善教育、减轻贫困等结构性改革。除此之外，美国的医疗护理系统也需要改革，包括把更多人纳入保险范畴。

* * *

毫无疑问，糟糕的健康状况对个人和家庭的影响最为严重。但是，在宏观层面也会产生重大的政治、经济和社会影响。

流行病会给经济造成巨大破坏。14世纪暴发的瘟疫不到10年就造成1/3的欧洲人因此丧生，即7 500万人中有2 500万人死亡。儿童和贫穷的劳动年龄人口首当其冲。黑死病导致适龄劳动力死亡，使欧洲经济遭受重创，因为劳动力不足，农业生产停摆，服务业中断，人们找不到牧师和医生，甚至连挖坟墓的人都找不到。正如经济学家预测的那样，劳动力短缺会直接导致薪酬急剧上涨，而且会影响未来几代人，所以将来的薪酬也会大幅增长（能生育的人少了，年轻人也会少之又少）。

由于个人支付的费用增加，或者长期无法工作，从而造成家庭蒙受经济损失。2006 年，布基纳法索每个家庭用于治疗脑膜炎的费用超过年收入的 1/3。至少在短期内，2020 年暴发的新冠肺炎疫情加剧了收入和财富差距。在疫情暴发的最初几个月，年收入低于 4 万美元的美国工人中有 39% 的人被解雇或暂时被解雇。总体损失也非常严重。2015 年西非埃博拉疫情防控期间，几内亚、利比里亚和塞拉利昂的 GDP 估计损失了 22 亿美元。这意味着塞拉利昂的旅游业损失了 50%，三个国家的政府收入估计损失了 4.9% 到 9.4%。疫情发生 9 个月后，利比里亚一半以上的工薪阶层失去了工作。实际上，疫情给塞拉利昂造成的损失占到 GDP 的 20%，相当于发展倒退了 5 年。2003 年的非典疫情造成了 400 多亿美元的损失。2009 年甲型 H1N1 流感疫情给全球经济造成了 450 亿～550 亿美元的损失，2014—2016 年的埃博拉疫情造成的损失是 530 亿美元。大家都看到了损失有多大。截至撰写本书之际，新冠肺炎疫情的损失估算仍在进行之中，世界银行估算是 10 万亿美元，国际货币基金组织估算是 28 万亿美元。

发达国家受到这些冲击，但是造成的影响并不均衡——这些社会中最脆弱的群体（通常是少数族裔和妇女）遭受的冲击总是最严重。全世界都如此。发达国家受到了冲击，但是它们能够承受；欠发达国家多年的增长可能会化为乌有，这是它们绝对无法承受的。

有些经济挑战是我们这个时代所特有的。尽管在黑死病时期，世界不同地区通过贸易联系在一起，但是今天的世界更加全球化，也更加脆弱。新冠肺炎大流行清楚地说明公司为应对疫情关门歇业对全球供应链造成的影响有多么严重。许多公司认识到它们对中国的明显依赖。加拿大德勤咨询公司称："超过200家《财富》世界500强企业在武汉设有分支机构，武汉是一个高度工业化的城市，遭受疫情的打击尤为严重。"鉴于这种脆弱性，德勤呼吁全球制造业做出改变，增强抵御全球冲击的能力。

疫情也会降低生育率，因为面对经济和社会压力，人们会避免或延迟生育。出于经济原因和对未来普遍感到悲观，人们决定不生孩子，这让人想起东欧剧变后的生育模式。

疫情还会导致社会分化。欧洲右翼民族主义的兴起在一定程度上是对人口老龄化和移民带来的社会变化的回应。2019年新冠肺炎大流行后，针对亚洲人的歧视和暴力有所增加。

针对高死亡率事件的政治、社会和经济背景，我们只有思考哪些是普遍因素、哪些是个别因素，才能有的放矢、统一行动、提高防控能力。毕竟，疫情还会再次到来，我们需要未雨绸缪。

* * *

混乱最容易滋生疾病。政治动荡、自然灾害和国内冲突会妨碍卫生用品的有效分配，毁掉基础设施。炸弹能在一夜之间摧毁道路和诊所。发生武装叛乱，出门就会面临巨大风险，因此病人无法外出求医。由于没有强大的政府，援助机构找不到可靠的合作伙伴分发卫生用品。要有效应对今天的卫生挑战，人们需要全球合作、公众信任和政治意愿——这些因素都有助于消除混乱。这些领域中的任何不足都会削弱有效应对或主动解决卫生问题的能力。下面我们将一一探讨。

1966年，世界卫生大会宣布了根除天花的决议。次年，全球出现了1 000多万天花病例，其中200万人死亡。但是，全世界对疫苗接种、监测和防控高度重视，结果仅用了10年就大获全胜，这是有史以来医疗卫生领域取得的胜利之一。2010年5月17日，一个纪念消灭天花30周年的雕像在日内瓦世界卫生组织总部外揭幕。这个青铜雕像刻画了一个即将在手臂上接种疫苗的年轻姑娘。用世卫组织的话来说，雕像"向消灭天花行动的所有参与者致敬，包括政府、卫生保健工作者、捐赠机构、非政府机构、商业公司和村长。这些村长支持居民接种疫苗，并多次向疫苗接种小组提供食宿"。

传染性疾病等全球性问题需要全球性解决方案。贸易和差旅增多，意味着受感染的动物、昆虫和人类宿主只需要一次空中飞行就能到达世界任何地方。疾病只需要几个小时就可以传播出去。世卫组织对非典疫情的描述就清楚地说明了这一点：

> 2003年2月21日，中国广东省一名64岁的医生飞到中国香港特别行政区，登记入住一个酒店房间。那天晚上，他在不知不觉中将一种神秘的新型呼吸道疾病传染给至少16位客人，这些人有的去了加拿大，有的去了越南……由此改变了世界。到2003年7月疫情得到控制时，在30多个国家和地区共确诊8 422例非典病例，其中916人死亡。[①]

全球互联互通也意味着用于疾病防控的资源更加丰富。从20世纪50年代到70年代，苏联在研发针对脊髓灰质炎、天花等疾病的有效疫苗方面发挥了关键作用。实际上，俄罗斯向世卫组织捐赠的天花疫苗比其他国家都多，其领先的冻干技术使疫苗更加稳定，能够在热带地区使用。与根除天花一样，全世

[①] 据世界卫生组织2003年8月15日公布的统计数据，截至8月7日，全球累计非典病例共8 422例，涉及32个国家和地区。全球因非典死亡人数919人。——编者注

界也在努力应对今天的疾病。例如，2017年，德国、印度、日本、挪威等国家，以及比尔及梅琳达·盖茨基金会、维康信托基金会和世界经济论坛共同成立了流行病防范创新联盟（既有过合作，也有过不合作）。美国是世卫组织最大的资助者，但是2020年5月29日，特朗普宣布计划退出世卫组织。联合国人口基金是联合国促进性与生殖健康的机构，英国一直是该基金组织的最大资助者。由于与新冠肺炎疫情相关的预算短缺，该机构在2021年决定削减联合国人口基金计划生育旗舰项目85%的资金。

有时，合作会遇到困难。俄罗斯在新冠病毒疫苗研发方面取得先机，但是西方社会认为它的"卫星五号"疫苗仓促上市，质量达不到西方市场的准入标准。人们对俄罗斯疫苗缺乏信任是一部分原因。过去，俄罗斯声称研制针对HIV的疫苗原型，西方社会对此普遍缺乏信任。这意味着除了深陷绝望境地的国家，还有很多国家最初并不愿接受俄罗斯的疫苗。国际社会是否接受并非俄罗斯面临的唯一问题。民意调查显示，即使是俄罗斯人在2020年中期对政府的信任程度也低于其他时期，只有16%的俄罗斯人计划立即接种疫苗，4%的人在等待外国疫苗，38%的人表示永远不会接种疫苗。

然而，公众的信任是有效应对卫生挑战所需的。数个世纪以来，人们担心船上暴发疾病会导致船只被隔离，从而带来经济损失，所以不愿如实报告。后来，正如世卫组织所说："适用于轮船的举措，也适用于'国家之船'。"隔离过度、边境关闭……类似的行动都可能会妨碍疾病消息的披露，从而加剧疾病传播。鉴于新冠病毒传播广泛和边境关闭，我们有理由担心经济参与者会因为担心经济损失而推迟报告疫情。与此同时，报告延迟以及对报告内容的怀疑放任了新冠肺炎疫情变得严重。透明是管理公共卫生的关键——西班牙流感之所以如此命名，并非因为它起源于西班牙（可能起源于美国），而是因为西班牙率先公布了疫情。

冲突进一步破坏了公众信任。例如，在阿富汗和巴基斯坦，冲突妨碍了消灭脊髓灰质炎计划，当地医护人员和国际医护人员也遭到袭击。混乱中的冲突导致民众对当局更加不信任。例如，刚果民主共和国暴发的第10次埃博拉疫情和利比里亚2014年暴发的埃博拉疫情，这两次遏制埃博拉病毒蔓延的努力都以失败告终。一些利比里亚人对疫情报告持怀疑态度，认为这是"政府为吸引国际捐助方的资金而策划的骗局"，许多人对警告置若罔闻，也不采取预防措施。

即使没有冲突，公众信任也是一个问题，疫苗接种就是如此。接种疫苗对保持群体免疫非常重要，大多数人具有免疫力以后就可以间接预防疾病传播。对年龄尚小、无法接种疫苗的婴儿或者因医学、宗教原因无法接种疫苗的人群，群体免疫可以提供一定程度的保护。但是，西方出现了拒绝常规疫苗接种的趋势，而且麻疹等一度被认为已被战胜的疾病正在卷土重来。总体而言，麻疹在美国已经消失了10年，但是2020年出现了1 282个病例，在2010年尚且只有63个病例。为了防止麻疹传播，90%～95%的人口必须接种疫苗；对于脊髓灰质炎，群体免疫必须达到60%～97%。因此，随着不愿相信疫苗的人不断增加，群体免疫就会受到影响，公共卫生水平就会倒退。我认识的许多人都不愿意接种季节性流感疫苗，这在大多数年份都不是大问题。但是，2010年《新英格兰医学杂志》对美国2009年甲型H1N1流感的一项研究表明，接受哈佛大学公共卫生学院调查的父母中，超过一半表示因为担心疫苗的安全性，不会或可能不会接种H1N1疫苗。31%的父母"表示不相信公共卫生官员能够提供关于疫苗安全性的准确信息"——在所有成年人中，这一比例为19%。通过对历史上的重大流感疫情进行调查，结果发现存在一个共同点：强调公众信任的重要性。1918年西班牙流感期间，那些鼓励人们居家不出、避免公共集会的城市死亡人数要少得多，但是正如迈克尔·奥斯特霍尔姆和马克·奥尔谢克指出的那样："要保证这种做法行之有效，他们必须从公共卫生和政府的重要部门获取可靠信息，而这从疫情开始就需要诚实可信、反应迅速。"

甚至一些理应值得被信任的政府领导者也要对疾病发展趋势的恶化负责。1999—2008年担任南非总统的塔博·姆贝基曾限制使用奈韦拉平，这是一种用来预防HIV母婴传播的药物。他错误地传播了HIV不会引发艾滋病的信息，因此抗逆转录病毒疗法也无济于事。即使在南非疫情最严重的时候，姆贝基也拒绝接受全球抗艾滋病、结核病和疟疾基金捐赠的奈韦拉平和资金。迟普莱和同事通过建模发现，未能实施有效抗逆转录病毒计划在南非造成超过33万人死亡。因为南非没有使用奈韦拉平阻断母婴传播，他们估计有3.5万名婴儿出生时携带HIV。

最后一点是政治意愿。过去努力消灭天花的人面临着许多问题，比如国家卫生服务和资金缺乏、冲突频发和交通不畅，但是用世卫组织前总干事哈夫丹·马勒博士的话说，他们的成功靠的是"管理的胜利，而不是医学的胜利"。新冠肺炎疫情则截然不同，无论是短期领导还是长期计划都不成功。官员们都知道大流行的风险很高，但是在非典疫情和中东呼吸综合征暴发后未能做出重大改变。资金是政治意愿的关键因素之一。在为健康问题自费支付大笔款项的个人中，87%的人来自中等收入国家。国家没有提供足够的资金应对今天的公共卫生挑战，更不用说未来的挑战。世界银行和世卫组织估计，各国平均每人每年需要花费1～2美元，才能"达到可接受的大流行防范水平"，但事实并非如此。不过，这种投资可以带来巨大收益。根除天花意味着每年节省10多亿美元，而根除天花的成本却不到1/3，即从1967年到1980年共花费约3亿美元。这还是由天花流行国家自己支付的，并非富裕的发达国家。

虽然经常缺乏政治能力和政治意愿，但也有一些趋势让人看到了希望。第一，我们知道如何战胜当今的大多数致命疾病。第二，一些有利于健康的趋势正在加强，比如在全球范围内，男性吸烟人数首次出现下降。世卫组织预计，到 2025 年，吸烟人数将减少 500 万。第三，技术发展的前景也被看好。我在卢旺达看到当出现紧急情况时，可以利用无人机运送血液，弥补道路交通条件的不足，克服山区障碍。利用这种方法运送血液，可以将运送时间从 4 个小时缩短到 15 分钟，近些年来帮助卢旺达降低了儿童和孕产妇的死亡率。

* * *

我们已经看到死亡率对重塑人口结构的作用非常大。人口差异就像生育率差异和死亡率差异一样。这种差异从 19 世纪开始出现，在当时的工业化国家，疾病知识日趋普及，卫生基础设施建设方兴未艾，大大降低了死亡率。随着这些社会适应新的现实，人们可以将家庭资源用在数量减少了的孩子身上，避免分散时间、注意力和金钱。由于农村家庭的孩子在婴儿期死亡率很高，所以人们希望生育六七个孩子在家帮忙，这样还能提高幼儿存活到成年的概率。而以工业为主导的城市化家庭，需要的孩子要少很多。但是，这些环境中的人口增长并没有停止。一个原因是人口的增长势头，这是一种即使在生育率下降后人口仍然保持增长的趋势，因为育龄妇女属于过去生育率更高时的更大群体——有更多的女性想要孩子，所以即使每个女性的平均生育率在下降，总的生育数量还是会更高。另一个原因是，尽管生育率下降，但总体上仍高于更替水平。

年龄结构和死亡率密切相关。虽然有些疾病对年轻人比老年人更致命，但是就新冠肺炎疫情而言，年龄最小的群体死亡的可能性最小。2020 年，1～14 岁群体的死亡率仅为 0.2/10 万，但是 85 岁以上群体的死亡率为 1 797.8/10 万。2009 年甲型 H1N1 流感病毒对年轻人的致死率更高，这与季节性流感不同，季节性流感的致死率在老年人中最高。美国疾控中心估计，甲型 H1N1 流感死亡病例中有 80% 都在 65 岁以下，从经济角度来看，他们是人口中最具生产力或潜在生产力的人。

健康和死亡率也与人口迁移问题密切相关。流离失所的人口——难民、寻求庇护者和国内流离失所者，尤其容易受到疾病暴发的影响，比如 1971 年来自孟加拉国的难民。截至 1971 年 5 月，有 900 万难民逃到了印度，到 6 月，涌入难民营的人数激增，霍乱疫情也随之加剧，因为霍乱容易在不卫生的潮湿环境中滋生。其实，本章前面提到的神奇的口服补液盐溶液，就是首次在这一公共卫生环境中使用的。"保持社交距离"是新冠肺炎疫情期间的流行用语，这种常态化的预防措施和其他预防措施很难在拥挤的地区落实。当弱势群体已经难以获得清洁水等生活必需品时，期望他们能用上个人防护装备是不现实的。就连生活在发达国家的移民和难民处境也特别脆弱，因为他们中的很多人无家可归。我们还看到公共卫生危机如何影响救助难民的行动。新冠肺炎疫情开始广泛传播时，国际移民组织和联合国难民事务高级专员公署宣布临时暂停难民重新安置。在地中海中部的危险过境走廊，难民搜救行动也宣布暂停。

最后，健康和死亡率也与环境问题密切相关。在讨论人畜共患病时，我们明白了疾病是如何从动物传给人类的。只有在热带雨林被砍光、栖息的蝙蝠被赶跑或者人们食用了感染病毒的黑猩猩时，埃博拉病毒才会从动物传给人类。气候变化也会通过某些方式加剧疾病传播，不过对于这些方式我们刚刚开始有所了解。埃及伊蚊能够传播寨卡、登革热和基孔肯雅热等传染病，由于气候不稳定，这些疾病的地理分布正在扩大。如果冬天温度过高无法冻死蚊子，或者冬季变短导致蚊子的存活期变长，蚊子就会出现在新的气候环境中，而当地的居民可能对蚊子传播的病毒没有免疫力。蜱虫和其他携带莱姆病病原体的媒介生物也是如此。降水、高温和湿度的变化是影响媒介生物分布的三个因素，而这些因素都受到气候变化的影响。

当我们把死亡率和疾病用于预测政治、经济和社会趋势时，其中的一个危险信号应该是偏离预期模式。总的来说，预期寿命越来越长，传染病的发病率随着医疗技术的发展而降低，技术进步使我们对解决非传染性疾病导致的过早死亡有了更多认识。因此，当预期寿命下降（美国近些年的情况就是如此）或者当霍乱等疾病的发病率激增时，我们就有机会审视在健康基础方面的投资情况，并时刻注意出现的警告信号，最大限度地发挥现有的资源优势，确保未来更加健康。

第四章

迁移中的人

女演员蒂比·海德莉拥有秀丽的金发、弯弯的眉毛、黑黑的睫毛和性感的翘唇。如果继续观察，你可能还会注意到她漂亮的指甲。凭借那个时代的风格，海德莉用她光滑优雅的指甲为阿尔弗雷德·希区柯克1963年的电影《群鸟》以及其他几十部电影增添了无穷魅力。

正是她的指甲吸引了一群难民妇女的注意。海德莉是粮食救济饥民国际协会的救灾协调员，她是志愿来帮助这些妇女的。越南战争结束以后，大批难民外逃。海德莉在海上租了一艘废弃的澳大利亚战舰作为工作站，帮助那些乘船出逃的难民。在此期间，她和这些难民的联系越来越密切。回到加州后，海德莉继续在当地的难民营工作。那里的女性都对她的指甲赞不绝口，于是她萌生了一个想法：每个周末邀请她的私人美甲师达斯提·库茨过来教20名有前途的年轻女性学习美甲技术。顺乐就是最初的

20 人之一，她回忆说海德莉鼓励她们学习丝绸美甲新技术，因为这样能比传统美甲挣得更多。她们的确挣了不少钱。1975 年，越南人占主导地位的美甲行业在萨克拉门托难民营艰难起步，如今的产值已高达 75 亿美元。随着这 20 名女性开创的美甲业务不断发展，消息传到了远在越南和已经在美国的朋友和家人耳中。今天，加州持有执照的美甲师中约有 80% 是越南人，而在全美，这个比例占到 45%。

就像悉尼的华人投资者、阿布扎比的巴基斯坦建筑工人或纽约的韩国蔬菜水果商一样，那些出国寻找机会的人在推动全球移民大潮中起着重要作用。越南人在美国开美甲店的故事引人注目，它不仅说明社会关系对于促进跨国移民的重要性，也说明经济移民和政治移民之间是如何融合的。这种情况并非独一无二，而是经常存在问题。

今天有 2.72 亿人生活在异国他乡，居住在美国的越南移民只占其中的一小部分。这 2.72 亿移民加起来，总数超过世界上人口排名第 5 的国家。当然，他们并不居住在一起，但正是他们遍布全球并呈现出多样性，才使移民问题在政治、经济和社会层面引人瞩目。

是什么因素驱使人们离开家园？是哪些人在移民？移民会如何改变输出人口的社会和接收人口的社会？为什么有些国家的边境比其他国家更加开放？我们又该如何预测移民变化以及对移民的反应？在本章中，我们将深入探讨每一个问题，并思考身份、法律和资本主义等问题如何在人口跨境流动中发挥作用。虽然移民是生育率、死亡率和移民三个因素中最不容易预测的，但是我们可以考察不同的人口模式，这些模式有助于我们更好地预测在一个80亿人口的世界移民会产生什么影响；同时，我们还可以思考移民对于更全面地认识世界意味着什么。

人们为什么会移民呢？要思考这个问题，一种方法便是缩小范围，考察人们生活和工作中的各种构架。全球经济就是一种构架，它是在不同规模、不同地区、不同实力的国家和公司之间进行的一系列交易。从1850年到1914年，工业化推动了第一次大规模全球移民时代的到来，但是从第一次世界大战到第二次世界大战结束，由于冲突、仇外心理、经济停滞和国家边界收缩，全球移民数量下降。1949年之后，移民再次增多，这在很大程度上是因为全球经济增长创造了新的机会。

众所周知，这些新机会并非均匀地分布在世界各地——富裕国家和贫穷国家之间存在着巨大差距，而这些差距清楚地反映在移民模式上。理所当然，移民通常更容易被高收入地区吸引。

从其他方面来看，地点也很重要。地理位置，尤其是彼此相邻，一直是影响人口流动的一个因素。更多的墨西哥人会移民美国而不是欧洲，撒哈拉以南非洲地区则拥有世界上超过四分之一的难民。

相对权力本身就是一种构架。例如，欧洲许多国家与之前的殖民地存在一定的联系，经常有来自殖民地国家的移民迁移到欧洲，如印度人移民到英国。撇开位置相邻不提，经济结构和权力分配有助于我们理解为什么移民遵循一种明确的模式——个人是否选择移民会受到社会地位、移民途径、移民信息，甚至文化疆界和期望的限制。

在宏观层面，还有其他关于人们为何移民的理论。有些理论把社会看成一种有机体，认为这种有机体有一种趋向平衡的自然倾向。其中一种理论便是经典的"推拉模型"，可能大多数试图理解移民原因的读者首先会想到这一模型。这一模型认为，缺乏经济或政治机会可以"推动"移民，而得到工作机会可以"拉动"移民前往特定的目的地。从理论上讲，移民会一直继续，直到达到平衡状态，不再有强大的推动力或拉动力为止。几十年来，墨西哥工作机会的缺乏"推动"民众离开本国，而获得工作机会的希望"拉动"他们前往美国。2008年经济衰退后，美国就业机会开始减少，而且由于墨西哥人口老龄化，最年轻的劳动年龄人口开始达到顶峰，这意味着国内工资开始上涨。离开墨西哥的移民越来越少，而离开美国回国的移民越来越多，状态渐渐趋于平衡。

推拉模型的优点在于简单化，但这也正是问题所在。如果仅仅缺乏机会或受到压制就足以迫使人们移民，那么世界各地的移民数量会高出来很多。凭借这个理论框架，我们很难理解为什么有人宁愿留在一个冲突不断的贫穷国家，也不愿意移民到一个更富裕的稳定国家。就移民而言，还有一些理论无法解释的地方，尽管媒体经常报道移民的故事，但是在过去50年中，全球移民率一直很稳定，只有2%～4%的人移居到了国外。显然，移民流动的纯理论模型提供的解释还存在不足。

我们可能会认为，全球资本主义结构或印度和英国等国之间的历史关系影响了移民流动的方向，特别是从穷国到富国的流动，但是很难搞清楚这些重大因素最终是如何直接影响个人或家庭的决定的。微观理论作为宏观理论的补充，研究的对象是家庭关系、个人信仰或习俗对移民流动产生的影响。为了家庭团聚而移民便是一种，父母可能会去异国他乡工作赚钱，然后在几年后试着把家人接到新的国家。

在这些广义和狭义的理论之间还有另一套理论，这套理论将移民模式归因于诸如"移民产业"、移民社区或迎合移民的企业等因素，所有这些因素都有助于促进和塑造移民流动。越南美甲行业在美国的发展，始于在难民营接受培训的20位女性，这个典型的例子说明了社会关系的重要性，并有助于解释今天富有活力的越南裔美国人社区是如何诞生的。一些越南人在美国从事美甲行业，同时他们与国内的同胞保持联系，如此一来越南人移民到美国从事美甲行业会更加便利。这种移民模式由此得以延续和深化。

在通过本章考察各种历史的、当代的甚至未来的移民时，我们可以牢记这些宏观、中观和微观理论。没有一种理论是"正确的"——对于解释某些案例和某些情况，所有理论都有价值，这也正是理论的意义所在。随着对全球移民的认识不断加深，我们的下一个重大问题是：谁会移民呢？

* * *

认为只有世界上最贫穷、最缺技术的人才会移民是一种常见的误区，但是离开自己的祖国去寻找新的家园需要资金和技术——想想在工业化国家办理护照，或者办理签证前往移民国家都需要多少知识吧，更何况还要懂外语以及花时间填写官方文件。而且，麻烦远不止这些。相对而言，国内迁移的障碍少一些，但情况也是一样。在世界上最贫穷的国家，那些最贫穷的公民负担不起移民费用，而且许多人根本不知道如何办理移民。例如，2013年尼日尔贫困人口中只有不到3%的人生活在国外。但是印度、孟加拉国、中国、巴基斯坦和墨西哥这些迅速发展的国家，却成为全球各地国际移民的主要来源。联合国公布的数据显示，2019年在海外的印度移民达到1 800万，高居世界第一。考虑到印度有13亿人口，他们的受教育程度和技能都在不断提高，这并不令人惊讶。令人惊讶的是墨西哥，它只有印度人口的1/10，2019年的移居人口却高达1 200万，位居世界第二。地理因素显然起了一定作用，因为墨西哥与美国这个富裕国家的边界不但很长，而且存在漏洞。2019年的主要移民国家还有中国、俄罗斯和叙利亚，移民人口分别为1 100万、1 000万和800万。

从这份名单来看，冲突因素和经济因素对哪些国家成为移民输出国家会起到一定作用。这些因素也决定了移民的目的地，即那些没有冲突而且可以提供经济机会的地方。在国际移民中，差不多2/3的人去了高收入国家，只有4%去了收入最低的国家，其他人则去了中等收入国家。[①] 从2000年至2010年，从中国到美国的"移民走廊"是世界第三大走廊，部分原因是有大量中国留学生去美国大学读书。前往北半球——工业发达国家的移民仍然规模浩大，但是南半球欠发达国家的移民也一直在增长，尤其是亚洲。实际上，截至2019年，中美"移民走廊"的移民数量已经下降到第七位。移民前六位分别是墨西哥到美国的1 200万人、叙利亚到土耳其的370万人、印度到阿联酋的340万人、俄罗斯到乌克兰的335万人、乌克兰到俄罗斯的330万人以及孟加拉国到印度的310万人。

在一些国家，移民是经济的支柱——如果没有人力资本"输出"，经济就会崩溃。菲律宾就是一个例子。在过去几十年中，菲律宾一直是世界上最可靠的外籍劳工提供者之一。菲律宾总人口1亿多，但2019年输出的劳工高达220万。有些人认为移民是最后的手段，是国内、国际发展态势的偶然产物。我们也可以认为这是一种深思熟虑的策略，比如在菲律宾，政府就积极帮助公民去国外寻找工作。由于国内经济不发达，海外劳工已经成为菲

[①] 按照世界银行的收入分类，高收入国家是指人均收入为12 616美元或更高的国家，中等收入国家的人均收入在1 036～12 615美元。

律宾经济不可或缺的一部分，他们寄回数十亿美元抚养家庭。仅2019年的6个月里，菲律宾海外劳工就汇回了2 119亿比索，约合47亿美元。其实，已有许多经济学家批评菲律宾领导人依赖移民而不重视发展。

但是，移民并非每个人自己的选择。无论在历史上还是今天，情况都是如此。联合国毒品和犯罪问题办公室将人口贩运定义为"以剥削人口为目的，以武力、欺诈或欺骗等不正当手段获取人口的行为"。从1600年到1900年，非洲出现了负增长，因为这里发生了最大规模的人口贩运，至少有1 200万非洲人乘船偷渡到美国和世界其他地方。剥削非洲奴隶背后存在着一个复杂的机制，操控者是世界最强大国家的最高领导层。在此过程中，许多参与者彼此勾结、沆瀣一气。今天出现的"奴隶"通常由跨国组织犯罪网络贩运所致。过去，贩运非洲奴隶是为了到田里做苦工；今天，被贩运的人口中大约有一半是为了性剥削，有时是被迫结婚。被贩运人口近一半的成年女性中，77%是为了性剥削，14%是为了强迫劳动，9%是为了强制参与犯罪活动或乞讨等。每10名被贩运人口中就有2名是成年男性，他们被贩运的原因几乎完全相反：17%是为了性剥削，67%是强迫从事采矿、捕鱼等行业的高强度劳动，1%是为了摘除器官，15%遭受其他形式的剥削。另外，历史上贩运人口和今天贩运人口的规模不同。2018年，有记录的人口贩运案件数量达到4.9万起（这个数据只是联合国估计的实际案件中的一小部分），而在奴隶制时期人口外流改变了非洲国家的人口结构。当时的奴隶贸易是跨越大西洋的大规模人口流动；今天通常是把人口贩运到同一个地区，或者只是在境内贩运。

我讨论贩运人口，是因为这是移民的一种形式。但是历史上的奴隶制和当今的人口贩运涉及一系列复杂因素，这些因素应该得到更广泛的探讨，并非本章或本书的重点。从定义上讲，贩运人口没有得到被贩运者的同意，这些被贩运者从事的是采矿、深海捕鱼、色情交易等工作或者充当儿童兵。然而，偷渡是本章移民内容的重要组成部分。与人口贩运相比，潜在移民一般都同意偷渡出境。尽管联合国和其他国家经常把二者混为一谈，认为都是坏事，但是对许多生活在冲突不断的国家的人来说，偷渡出国是他们唯一的出路。然而，这种混淆也有一定的道理：流离失所者和绝望的人都是典型的受害者，特别是有时候偷渡者承诺将他们送到安全的地方，结果却在途中欺骗他们，把他们逼到与逃离时同样危险的境地。遇到类似叙利亚发生的冲突，人口贩运网络就会活跃起来。正如联合国毒品和犯罪问题办公室在2016年报告中发现的那样，叙利亚内战开始后，受害人数"迅速增加"。

这就引出了最后一个移民类别——那些被迫流离失所的人，包括难民、寻求庇护者和国内流离失所者。我将在本章后面详细讨论这些问题。

从法律上讲，难民是指跨越国际边界，通过合法途径寻求在第三国定居的移民。寻求庇护者是没有合法移民身份，但已经为申请庇护跨越了国际边界的移民。根据联合国难民署的说法，他们"跨越国际边界寻求保护，但是……他们的要求还没有被批准或驳回"。举例来说，一名叙利亚难民可能会进入土耳其，在那里的联合国机构登记，最终定居在德国。而叙利亚寻求庇护者可能会越过土耳其，穿过东欧，到达德国后申请庇护。难民和寻求庇护者只占世界上被迫流离失所者的一小部分，这一类人包括国内流离失所者和无国籍者，前者被迫离开家园但仍停留在境内，而后者在任何地方都无法获得公民身份。无国籍已经成为地方性问题的地区，正是人口增长最快和冲突最多的地区。令人惊讶的是，今天的大多数流离失所者根本不是难民，他们都是国内流离失所者，2020 年底高达 5 500 万人，其中 4 800 万人是因为冲突和暴力导致流离失所。另外还有 2 600 万人是难民，420 万人是寻求庇护者，以及 420 万记录在案的无国籍人口，但可能还有数百万人没有统计在内。联合国难民署估计，冲突和迫害已经迫使世界上 1% 的人口逃离家园。

与非紧急移民一样，21 世纪的人口趋势使难民形势也呈现出明显的差异，既在意料之中，也在意料之外。正如我们预计的，全球 7 950 万被迫流离失所者（截至 2019 年底）来自世界上最贫穷、最民主或最不稳定的国家。实际上，仅仅叙利亚、委内瑞拉、阿富汗、南苏丹和缅甸这 5 个国家的难民就占世界难民的 68%。也许更令人惊讶的是，今天流离失所者造成的负担并非由美国、澳大利亚等高收入国家承受。相反，79.5%的被迫流离失所者由黎巴嫩、约旦、土耳其、巴基斯坦、伊朗、埃塞俄比亚、肯尼亚等发展中国家接收。土耳其是逃离冲突不断的中东地区前往欧洲的门户，2019年底它接收了360万难民。哥伦比亚和巴基斯坦分别接收了180万人和140万人，乌干达接收了140万人。世界五大难民接收国中唯一的高收入国家是德国，共接收110万人。我们通常认为，难民危机几乎只发生在世界上最贫穷的地区，但是与媒体描述的恰恰相反，大多数难民并不在难民营里，这就使问题变得更加复杂。这些流离失所者分散在当地人口中，与他们竞争住房和工作，由此产生了一系列问题。

富裕国家承受的负担要少得多，但它们还是不遗余力地将难民和寻求庇护者拒之门外。随着庇护的日益政治化，20世纪90年代出现了"欧洲堡垒"，严格控制进入欧洲的人。1992年，欧盟确立了把"安全的第三国"作为欧洲缓冲地带的原则。这意味着如果有人通过"安全国家"前往欧洲寻求庇护，欧洲可以在他们能够安全返回上述国家并免遭迫害的前提下拒绝他们的请求。关于这一问题，还有其他的法律和惯例。根据《都柏林公约》，为寻求庇护来到欧洲的人不能选择由哪个国家处理、批准或者拒绝其庇护申请。实际上，这意味着通过地中海来到欧洲的移民可能会在意大利或希腊登陆，但是会想办法偷偷前往德国，然后再申请庇护。意大利和希腊可能会睁一只眼闭一只眼，这样就不必在已经超载的庇护系统中处理他们的申请。"难民"一词从一开始就带有政治色彩——巴勒斯坦人不受联合国难民署的管辖，但他们有自己的机构，即联合国近东巴勒斯坦难民救济和工程处（UNRWA）。这个救济工程处负责管理难民营，并为1948年第一次中东战争爆发后逃离家园的巴勒斯坦人及其后代提供援助。1946年6月到1948年5月生活在英属巴勒斯坦托管地的人，以及在1948年阿以冲突中失去了家园和生计的人都被视为难民，而且他们的后代也被视为难民，无论这些后代是哪个国家的公民。1950年，有资格获得UNRWA救济的巴勒斯坦人有75万人。经过将近四代人之后，已经增长到560万。

无论是贫穷的索马里人被强行摘除器官进行贩卖，还是富裕的新加坡女商人移居伦敦的豪华地带，如今他们都不是"典型"的移民。各种各样的人都会移民，原因也各有不同，但是他们移民之后对定居的新社区和离开的旧社区会产生什么影响，正是我现在要讨论的。

* * *

美国素有"移民之国"之称，但是它的北方邻居却更深刻地说明了移民如何改变国家的构成以及民族性的定义。超过五分之一的加拿大人是第一代移民①，加拿大是第一个明确采取多元文

---

① 这里是指出生在其他国家，后来移民到加拿大的人。

第四章　迁移中的人

化主义政策的国家之一,鼓励公民保留自己的身份,并为自己的先民感到自豪。与此同时,即使是加拿大等多元化的国家也无法避免关于移民的争论。少数地区的加拿大人强烈抵制移民可能带来的变化,其中就包括法裔加拿大人,他们"不甘心被降格为'许多文化'之一"。他们集中在魁北克省,置多元文化主义于不顾,奉行一体化政策,力求保留其特殊性。对移民的抵制会发生在不同的文化、时代和政体,因为移民会带来自己的技能、信仰、价值观和问题,会带来好的品质和坏的品质,会带来相似的或者独特的东西。移民也会产生巨大的经济刺激,从而改变接收他们的社会。这会遭到当地出生人口的强烈反对。如今,西方民主国家内部的身份政治就是这种情况的明显证据,而且这些国家生育率低、移民众多,还会继续引起当地人的抵制。

同生育率和死亡率趋势一样,移民也能从根本上改变人口的规模和组成。人口学家戴维·科尔曼把长期移民导致的社会变化称为第三次人口转变[①],以此说明这次转变的根本性和永久性。在研究移民时,有一种倾向是把重点放在新移民身上,但是重大变化往往发生在移民的后代身上。虽然没有固定的定义,但是在移民研究中,我们通常将在居住国以外出生的人定义为第一代移民,在本土出生但父母是在外国出生的人定义为第二代移民。这两

---

① 作为比较,请记住前面提到的第一次转变是从高生育率和高死亡率向低生育率和低死亡率转变,第二次转变是向超低生育率转变。

类人都是"有移民背景的人",2005 年在澳大利亚 20~29 岁的移民中,这类群体已经占到 45%。2016 年的人口统计显示,接近一半澳大利亚人的父母至少有一个出生在国外。2018 年,瑞士有移民背景的人占 37.5%,加拿大为 32.5%,瑞典、美国、荷兰、法国和英国在 20%~30%。在德国,父母中只要有一位出生时不是德国国籍就被政府视为拥有移民背景。2017 年,德国约有 1 930 万人属于这个群体,他们约占德国人口的 23.5%,比 2016 年高出 4.4%。随着新移民的到来,这一比例只会有增无减。

更仔细地观察欧洲,就会发现移民在人口规模和构成方面带来的重大变化。欧洲人口跨境迁移已经持续了几个世纪,欧洲大陆也出现过大规模的人口迁出——从 1850 年到 1914 年,大约有 5 500 万人离开欧洲前往其他地方定居。欧洲成为移民迁入地的时间相对较短,导致这种变化的原因在于非殖民化、欧洲以外地区人口增长、经济快速增长以及欧盟成立后成为自由贸易区和移民热土。考虑到接收移民的时间不长,移民问题在欧洲政治舞台上引发热议也就不足为奇。移民会改变一个社区的种族、文化和宗教构成,而且这种改变并非总是受欢迎。许多移民来自欧洲其他国家。这些改变很重要,导致人口构成产生最明显的变化并且推动政治变化趋势的是那些非欧洲移民。需要特别指出的是,宗教变革正成为有关移民政治叙事的重要组成部分。

请记住,在人们移民后,他们的身份也会随之变化——种族或宗教差异会暴露无遗。穆斯林人口仍然只占很小一部分,但是他们在欧洲人口中所占的比例正在升高,这种趋势使一些欧洲人感到焦虑,尤其是那些怀有强烈世俗主义理想的法国人和怀有强烈基督教理想的波兰人。2016年,穆斯林占欧洲人口近5%。皮尤研究中心预测,即使没有新移民,随着人口的自然增长,2050年这一比例也将增加到7.4%。如果有常规移民(假定21世纪最初10年创纪录的难民潮会停止),穆斯林的比例可达到11.2%。由于欧洲人口老龄化和萎缩,这种人口构成的变化会更加突出。死亡人数超过出生人数意味着从2010年至2016年非穆斯林人口减少了167万人,而穆斯林人口则因为出生人数多于死亡人数增加了292万人。净移民甚至也会使穆斯林人口增加更多。但是,在不久的将来,穆斯林人口占多数的情况不会出现在欧洲。即使2014—2016年的难民潮还会继续,再加上常规移民,穆斯林到21世纪中叶也将只占欧洲人口的14%。实际上,最近前往欧洲的移民中,几乎有一半不是穆斯林,大部分是基督徒。值得注意的是,最有可能出现的情况是穆斯林人口比例翻倍,但是远没有欧洲政界所说的那么高。然而,对一个社会而言,改变并非易事,尤其是人口结构的改变。移民欧洲对人口结构的影响并不均衡,这一点从政治角度来看更为重要。在2015年难民危机期间,德国是通过地中海或土耳其进入欧盟寻求庇护者最向往的目的地之一。到2016年(在寻求庇护者涌入之前),德国已经拥有490万穆斯林人口,但他们只占德国人口的6%。其他国家的比例则更高一些:保加利亚是11.1%,法国是8.8%,瑞典是8.1%。

皮尤研究中心预测认为，到2050年，随着难民和经济移民的大量涌入，德国的穆斯林人口将达到20%，在移民水平保持不变的情况下将达到11%，在零移民的情况下为9%。不管发生哪种情况，当涉及政治时，移民的实际人数并没有人们对这些数据的看法那么重要。

尽管美国移民的来源和人数不同，但是移民政治在美国同样引人关注，因为美国是世界上接收国际移民数量最大的国家，高达4 500万。这里所说的国际移民数量是指在非出生国生活的人的数量。进入美国的移民约占世界移民的五分之一。自从1965年通过重大移民改革以来，移民在美国人口中的比例一直在上升。1965年的《移民和国籍法案》推翻了1924年制定的《移民法》。为了阻止南欧和亚洲移民，1924年《移民法》确立了移民来源国配额制度。1964年，美国国会通过了《民权法案》，禁止基于种族、宗教、肤色、性别或国籍的歧视。1965年，正值美国民权运动之际，通过了《移民和国籍法案》。来源国配额取消，很快改变了美国移民人口，先是南欧人口比例增加，然后是非欧洲人口比例增加。截至2018年，美国人口中超过13%出生在外国。四分之三的美国移民是合法移民，同时还有1 100万非法移民。2007年，非法移民达到了创纪录的1 230万。美国移民人口具有多样性，尽管自2008年金融危机以来移民流动有所放缓，但是自1970年以来一直是全球最大的移民目的地。如果新移民不断到来，而且这些移民继续繁衍生息，那么到 2065 年，移民及其后代将占美国人口增长的 88%。

* * *

移民会给国内带来种种变化，政府和公众如何分辨其中的利和弊呢？为什么有些国家认为接收移民的好处胜过移民带来的挑战呢？

官方经常说冠冕堂皇的话，很少基于人道主义考虑推动移民政策。即使在主张多元文化的加拿大，移民政策考虑的也是技术，而不是家庭团聚——经济因素占据着主导地位。海湾国家拥有世界上最多的外国出生人口，大多数是来自南亚次大陆的临时劳工移民，但是他们被禁止永久定居。美国、加拿大、英国、澳大利亚、德国、俄罗斯和意大利是目前世界上接收移民最多的国家，大量涌入的熟练工人和非熟练工人了弥补了国内劳动力短缺，让它们尽享红利。众所周知，人口老龄化意味着这些国家都会面临劳动力萎缩——我们是否应该期待更宽松的移民政策弥补上升的年龄中位数？为了回答这个问题，我们先来看看经济情况。据皮尤研究中心预测，如果将来没有移民，到 21 世纪中叶，欧洲人口将从约 5.21 亿减少到约 4.82 亿，但是如果常规移民水平稳定，美国人口规模将保持相对稳定。移民的年龄结构相对较轻：从 2019 年到 2020 年在向欧盟 27 个国家申请庇护的人中，超过 75% 的人年龄在 35 岁以下，接近一半（47%）的人年龄在18岁至34岁。欧洲各经济体必须在社会结构层面做好接收额外劳动力的准备，然而因为失业率已经很高，尤其是年轻人的失业率高，它们显然还没有准备就绪。移民情况各不相同，接收更多难民和寻求庇护者并不一定能解决人口老龄化造成的劳动力短缺问题。拿从叙利亚和其他战乱地区涌入欧洲的难民来说，如果他们能够获准就业，快速融入经济，而且技能符合欧洲劳动力市场的需求，那么他们的确可以弥补人口老龄化造成的经济损失。叙利亚移民掌握的技能各不相同，但是我们通过其他类似研究发现，由于缺乏人际关系以及技能和目的地国的劳工需求不匹配等原因，难民的就业率通常比经济移民低。即使有了移民，欧洲的年龄结构也会变老——并非所有移民都是可以拉低年龄中位数的儿童，而且任何留在欧洲的移民都会变老。

我们还必须考虑更加开放的移民政策所带来的政治后果。在一定程度上，移民抵消了人口老龄化的影响，但是为了取代即将退休的工人，欧洲国家实际上不得不向移民敞开大门。鉴于欧美民众对穆斯林移民越来越多的怨恨以及对本国年轻人失业的担忧，这项政策难以维系。皮尤研究中心预测，按照常规移民模式，瑞典的穆斯林人口到2050年可能上升到21%，而且即使移民不再新增，瑞典的穆斯林人口也将达到11%。如果2014年至2016年的移民最高纪录得以保持，瑞典接近三分之一的人口将是穆斯林。这种情况很难得到一些选民的支持。

国家对移民开放，通常是出于经济原因；国家关上大门，则往往是为了保护国民。世界上有许多国家有意把移民维持在很低的水平。为了想方设法避免移民增加，日本进行全球创新，努力让更多妇女和老年人进入劳动力市场，并利用技术取代老年护理员。韩国在过去几年一直开放，但是它的情况也是如此。我们必须记住一点：即使是对世界上平均年龄最大的国家而言，接收移民也只是一种选择，并非必须。在很大程度上，这种选择是由对变革的担忧所驱动的，而这种担忧在全世界、整个历史和不同文化都普遍存在。

* * *

在 L. 弗兰克·鲍姆虚构的《奥兹国仙境奇遇记》系列的第六本《翡翠城》（1910 年出版）中，奥兹国的合法统治者奥芝玛公主在欢迎桃乐丝、婶婶埃姆和叔叔亨利时击退了入侵的地下矮子精国王。奥兹玛说道：

> 在我看来，人们前往奥兹国的道路实在是太多了。我们过去常常认为，我们周围的那片致命沙漠完全可以保护我们；但是，情况已经有所变化……所以，我认为必须采取措施完全切断我们与世界的联系，这样将来就没有人能够入侵我们。

作家布鲁斯·汉迪指出，纽约出生的鲍姆完成《奥兹国仙境奇遇记》系列时，正值欧洲前往美国的移民达到高峰期，而且反移民情绪也不断高涨。1907年的《移民法案》是引发争论的限制性法律之一，当时美国对移民问题的担忧日益加剧。根据这一法案，迪林厄姆委员会对移民模式进行调查，结果发现来自南欧和东欧的"新移民"对美国社会和文化构成了威胁。该委员会的报告最终导致美国在20世纪20年代出台了极端排他的法律，包括前面提到的1924年《移民法》。的确，奥芝玛公主很好地表达了当时美国对移民的普遍看法。

其他"移民国家"也有类似的历史。澳大利亚的历史就清楚地说明了人道主义关怀、经济问题和本土居民的担忧之间的紧张关系。这里最初是澳大利亚土著的家园，在被英国殖民时期成为有名的罪犯流放地。作为寻求美好生活的目的地，澳大利亚一直广受移民关注，针对这种情况，这个国家一直都在采取应对措施。移民对澳大利亚今天的人口构成很重要，但是澳大利亚的边境政策在全世界都算得上严厉到极点。它会遣返满载寻求庇护者的船只，将移民关到人满为患的拘留中心，并拒绝重新安置——为了逃避法律，它甚至放弃了对几个边远岛屿的管辖权，因为如果寻求庇护者通过这些岛屿抵达澳大利亚，就必须对他们采取正当的法律程序。

第一批抵达澳大利亚避难的现代船只出现在1976年，船上运送的是逃离战争的越南人。近些年，载有逃避中东和南亚冲突的难民船只被拦截。2001年8月，挪威货轮"坦帕"号营救了

438名来自阿富汗的寻求庇护者，然后把他们送到了澳大利亚的圣诞岛，但是澳大利亚霍华德政府却拒绝该船入境。这一事件被大肆渲染，结果导致公众对非法移民的敌意日益加深，霍华德政府也趁机采取了相应行动。几周后，"太平洋解决方案"出台，允许澳大利亚将寻求庇护者安置在太平洋岛屿国家的拘留中心，而不是澳大利亚境内。该方案得到了澳大利亚自由党和反对党工党的支持。其中一个岛国是贫穷的瑙鲁，它同意为澳大利亚安置寻求庇护者，以换取数百万美元的援助和申请庇护者处理费。2013年，澳大利亚采取更进一步的举措，甚至将澳大利亚本土从移民区移除，这意味着那些偷渡登陆澳大利亚并希望获得签证或申请庇护的非法移民再走这条路可能就走不通了。确切地说，这就是通过法律手段禁止任何人前往澳大利亚申请庇护。

澳大利亚的严厉政策与其相对开放的经济移民政策并不一致，部分原因是公众对试图非法入境者的"插队"行为嗤之以鼻。尽管存在社会压力，但是由于澳大利亚与东南亚移民输出国的关系非常重要，政界人士在顾及本土居民的利益和安抚移民社区之间保持着微妙的平衡。在接收移民的国家，一直都存在这两种对立的力量。

案例研究：难民、寻求庇护者以及国际法的局限性

2015年5月，数千名缅甸罗兴亚人在摇摇欲坠的船上挤得像沙丁鱼一样，只要海浪稍大一些就会掉进海里。的确有许多人掉了下去，被大海吞没。他们逃离的初衷是为了活命，结果却难逃一死。全球约有 400 万[①]无国籍人士，罗兴亚难民比较少见，但他们的数量也不算小。无国籍人士不是任何国家的公民，没有人愿意接收他们。每一个国家都拒绝他们登陆，没有帮助他们的义务。他们只能停靠在安达曼海域，乘坐的船被媒体称为"漂浮的棺材"。许多人被饿死，其他人则死于脱水。活着的人被迫把死去的人，包括婴儿和儿童，统统扔到海里，仿佛是世界末日到来。防止这种情况的发生原本是《国际难民法》的宗旨，但是就像其他国际法一样，有许多办法可以躲避执行。

1951 年联合国《关于难民地位的公约》指出，难民是指"有正当理由畏惧由于种族、宗教、国籍、属于某一社会团体或具有某种政治见解的原因留在本国之外，并且由于此项畏惧而不能或不愿受该国保护的人"。该公约以及 1967 年确认该公约的《关于难民地位的议定书》本应保护类似罗兴亚人的群体，但是泰国、马来西亚、印度尼西亚和澳大利亚方面声称，他们无法确定船上的人是否真的在逃避迫害；他们当中肯定有一些人是为了寻求更好生活的经济移民，如果是这样，就没有义务接收他们。这些人需要通过合法渠道入境，而不是强行登陆。

---

① 这是截至 2019 年底的数据。联合国估计的数据实际要高一些，但我无法获得更准确的数据。

或者就像澳大利亚前总理托尼·阿博特在谈到偷渡的罗兴亚人时所说的那样："对不起，如果想开始新的生活，你们要从前门进来，而不是后门。"同样，2015年的欧洲移民危机既说明要救助经济难民和因冲突造成的移民困难重重，也说明国际法存在局限性。匈牙利等主权国家可以而且的确对移民关闭了边境，理由是经济移民与可能有避难资格的寻求庇护者混在了一起。

从一开始，针对难民和寻求庇护者就存在管理混乱或者缺乏管理的严重问题。具体原因有五个。

第一，难民并不是国际政治一直受到关注的问题，也不总是被界定为"问题"。卡罗琳·穆尔黑德在《人类货物：难民之旅》一书中提到，政治难民伏尔泰和让-雅克·卢梭被视为资产，而非负担。第一次世界大战之后，奥匈帝国和奥斯曼帝国解体，国际社会更加关注难民问题。到第二次世界大战之后，国际社会表现出充分的善意与合作，形成了一种国际难民制度，或者说一套法律，来管理流离失所的人。部分原因是人们觉得逃离希特勒魔爪的难民被美国等国家拒之门外的悲剧[1]不能再次上演。还有一些原因是政治方面的。西方国家在冷战之初设计了国际难民制度，想借此传达人们投奔西方的信息。然而，一旦冷战结束，这种尖锐的分歧消失后，难民所传递的信息无法继续引起共

---

[1] 比如1939年"圣路易斯"号客轮上不幸的难民。

鸣。难民已经逃离"敌人",但是冷战结束后谁是敌人却造成了混乱。

第二,存在设计缺陷。国际社会将第二次世界大战和冷战初期的难民问题视为短期问题,人们沉醉在战胜邪恶的喜悦中,没有预见20世纪90年代在整个非洲爆发的种族冲突浪潮,也没有预见在中东和世界许多地方出现的动荡。与今天棘手的内战相比,第二次世界大战持续的时间并不长。国际难民制度是管理移民最有影响力的举措,但是它的目光不够长远。

第三,世界各国可以轻而易举地规避为被迫害者提供帮助的义务。如果国家冲突不断、经济崩溃、存在政治压迫,人们就会有充分的理由逃离。但是,要获得重新安置资格,逃亡的具体理由必须出现在1951年《关于难民地位的公约》和1967年《关于难民地位的议定书》中。如果寻求更好的经济未来的人和逃避政治迫害的人混杂在一起,甚至开明的民主国家也有理由拒绝他们入境,缅甸罗兴亚人遭遇的情况就是如此。此外,还存在其他分歧。尽管媒体警告说"气候难民"浪潮即将到来,但是气候变化并非重新安置他们的充分理由,因此这个词并不准确。气候变化会带来自然灾害,但是面临这种灾害的人更有可能被视为寻求更好生活的经济移民,而不是难民。

大量的法律都涉及移民问题,但是儿童往往被忽略。2014年,美国边境巡逻队拘留了超过6.8万名儿童,这些儿童试图在没有成人陪同的情况下进入美国。这一数据比前一年增加了77%。在这些儿童中,有许多是为了躲避世界上凶杀率最高国家的帮派暴力。这些儿童寻求庇护通常都是基于这一理由,但是他们很难被接收。还有一些人是为了逃避国内的普遍贫困或虐待行为,但是他们远远超出了庇护政策的范围。严格地讲,非法移民都是违法者,因此世界各国都视他们为罪犯,但是许多逃离恐怖和遭受剥削的人也是受害者。支持非法移民的人主张采取措施保障这些寻求庇护的儿童的健康和权利,比如由政府提供法律援助、设立儿童维权人士等。逃离叙利亚的大量儿童已经表明持续关注这一问题的重要性。针对成年人也存在同样的分歧。2018年秋季,成千上万的中美洲移民一批批北上,试图跨越美国南部边境申请庇护,但是他们面临着重大关卡,即根据1951年和1967年的法律证明自己要求的合理性。

第四,过去的难民数量更小一些。苏联限制公民移民国外,所以从苏联到欧洲以及其他地方的难民和寻求庇护者的绝对数量远远少于冷战后发生的难民潮,因为此时的欧洲、非洲和中东都爆发了冲突。目前有8 000万人被迫流离失所,数量之大前所未有。

第五,欧洲的恐怖袭击和美国的"9·11"事件催生了移民的安全化行动(这里的安全化是指将移民与存在的社会威胁联系起来),尤其针对来自冲突地区的移民。有些生活在西方的移民制造恐怖袭击,引发广泛关注,激起了反移民情绪,结果导致一些移民心生怨恨,出现偏激行为,形成恶性循环。进入欧美国家的移民越来越多地来自冲突不断和滋生极端主义的国家，这让人们认为移民本身就是恐怖分子。这种看法反映在政策上。美国自从1980年实施难民重新安置计划以来，安置的难民超过其他任何国家，但是在特朗普执政时期大幅减少，到2020年有18 000人，到2021年下降到了15 000人，而且美国宣称将不再接收叙利亚难民，拜登政府在2022年将上限重新提高至125 000人。

鉴于法律、政治变化、数量、规模等挑战，我们都应该预料到难民、寻求庇护者和无国籍者的悲惨命运。至少自1994年以来，每年的重新安置率从未超过全球难民人口的1%。他们对帮助的需求正在增加，但是没有解决方案。

* * *

我们看到移民遭到了有力抵制。决策者不认为移民是一个由冲突、经济结构和社会关系驱动的必然过程，而是错误地认为削弱移民意愿就可以解决移民问题。他们把向移民输出国提供发展援助作为有效的解决办法，但是一个国家要想成为迁入国而不是迁出国，需要连续数十年不断改善经济条件。2015年移民人数增加后，发达国家重新将重点放在提供发展援助上，以此遏制来自欠发达国家的移民。正如学者迈克尔·克莱门斯和汉娜·波斯特尔所言："这些政策似乎简单易懂，如果国内工作机会更多，暴力更少，移民的愿望可能就没那么强烈。然而，这些政策的出台很少是基于援助，确实可以最大程度阻止移民。"援助以及由此带来的发展提高了人们迁移的能力，反过来推动了人们移居国外，这与援助的初衷背道而驰。要弄清楚移民的原因非常困难，这就像很难弄清楚一对夫妇决定生第一个孩子的具体原因一样，因此通过制定政策阻止移民并非易事。关闭边界通常行之有效，但是除此之外，限制性的国内政策几乎都无法阻止移民，反而使其更加危险。这些政策加剧了"非正规"（非法）移民，导致人们通过人口贩运或者犯罪网络移民，而且还鼓励他们永久定居，这些移民本来也许只是季节性地移徙，目的是获得各种经济机会。此外，那些几乎没有理由留在国内的人通常不会放弃移民。

2018年，联合国大会通过了《促进安全、有序和正常移民全球契约》（美国在2017年退出该进程），承认虽然世界约2.5亿移民中的大多数都以有序的方式主动迁移出境，但是所有想移民的人都缺乏正常且合法的迁移途径。然而，他们还是选择移民，因为当国际社会再次面临问题、意外、危机的时候，历史就会重演。可以肯定的是，2015年欧洲的移民危机是签署该契约的主要推动力，一是因为它让欧洲不堪重负，二是因为它把许多移民的生命置于危险之中，但这次移民高峰不是全球第一次，也不会是最后一次。

加强移民治理面临巨大压力，但是建立有效的全球移民制度面临几个重大障碍。尽管《促进安全、有序和正常移民全球契约》是第一个涉及移民各方面（不仅仅是难民）的全球协议，但它并不具有约束力。问题就出在这里。

国家主权仍然是国际关系中的最高准则。正如最近在多个政策领域发生的危机所示，即使是欧盟本身也很脆弱，而移民政策进一步加剧了欧盟成员国之间的分歧。最初的欧盟协议将移民问题交由各国处理。20多年前，通过《阿姆斯特丹条约》，欧盟申根区国家放弃了控制移民签证和庇护的权利；而现在，这些决定是在欧盟层面做出的。正如英国脱欧和欧洲反移民政党的崛起所示，各国都不想失去对过境人员的控制，尤其是在对恐怖主义高度警惕的今天。针对任何问题都很难达成有约束力的国际协议，更不用说各国之间存在重大利益分歧的移民问题了。

这些利益冲突会妨碍在移民问题上达成共识。富裕国家需要来自贫穷国家的劳动力，但是面临国内限制移民的压力，而贫穷国家则需要富裕国家保持开放，这样移民才能向国内汇款，缓解本国劳动力市场的压力。目前的移民问题普遍缺乏全球领导力，但是没有有效的领导，特别是强大国家的领导，就不可能达成国际协议。世界上最强大的国家受益于移民带来的廉价劳动力和各种技能，因此没有兴趣在国际层面管控移民——它们希望保留决定入境移民的自主权，不希望他国把照顾国内已有移民的标准强加给自己。这种全球权力大多集中在世界上最富裕的国家，这也限制了欠发达国家通过全球治理代表自身利益的能力，有关移徙劳工及其权利的国际公约①缺乏签署国就能体现这一点（尽管该公约在1990年通过，但是到2020年只有39个签署国）。

学者詹姆斯·汉普希尔也曾指出，很少有国家公开支持多元文化模式或者将其写进法律（加拿大是少数几个国家之一），否则就会面临巨大的民族主义压力，我们将在第六章详细讨论这一点。

关于移民融合的辩论，我们没有理由持更乐观的态度，因为欧美国家存在阻止有效移民政策的内在矛盾。一方面，资本主义国家的价值观鼓励开放；另一方面，种族认同和公众舆论带有保护主义色彩。

最后，世界各国不太可能形成全球性的移民解决方案，因为它们都认同主权至上，缺乏解决这个问题的全球领导力，而且发达国家和欠发达国家的利益存在冲突。然而，人们会继续迁徙。移民的未来将与过去非常相似，这将导致许多人陷入贫困、遭到排斥或者死亡，并迫使移民国家内部进行强硬但最终徒劳的关于道德责任的对话。

---

① 这里指的是1990年联合国通过的《保护所有移徙工人及其家庭成员权利国际公约》。——译者注

第二部分

人口趋势如何塑造世界

第五章

战争和"子宫战争"

从简单的定义来看，政治关系到何人在何时、何地、以何种方式获得什么。但是这些政治决策是如何做出的呢？历史上，最重要的手段之一就是人口数据，它通常以人口统计的形式出现。在世界各地，人口统计一直都存在争议，因为它会正式公布人口占比，决策者获得这些数据后，就会利用它们来分配教育、基础设施等资源，甚至分配政治职位和席位。无论我们讨论的是世界上哪个地方，群体规模不同，获得的政治权力也不同，因此人口统计通常都是核心问题。

我们在黎巴嫩可以清楚地看到这一点，它一直是世界上人口统计最具争议的国家之一。其实，黎巴嫩进行的唯一一次官方人口统计是在1932年，当时黎巴嫩处于法国的托管之下。这次人口统计显示存在三个主要宗教派别——基督教马龙派、伊斯兰教什叶派和伊斯兰教逊尼派，基督教信教人数占据微弱优势，占到人口的28.8%。从那时起，黎巴嫩议会席位和政府职位，包括最高权力职位总统，都是根据1932年那次已经过时的人口统计来分配的。人口学家都相信自1932年的人口统计以来，黎巴嫩的人口结构发生了变化，由于移居国外和低生育率，基督徒的比例不断下降。但是，尽管穆斯林人数不断增加，但他们仍然是少数，因为以基督徒为主的各个政党没有动力进行新的人口统计，否则就会改写黎巴嫩的人口现状。这在少数派看来是有问题的，他们认为自己没有得到应有的资源或代表。他们遭到排斥加剧了这个严重分裂的国家的怨恨。尽管有些时期教派之间比较和谐，但黎巴嫩也经历了政治危机、宗教派别之间的激烈内战以及20年没有选举。

如果今天再次进行人口统计，政治秩序就会发生变化，可能会引发暴力。可以说，不进行人口统计维持着黎巴嫩脆弱的和平。人口学家哈佛·斯特兰德和同事发现，在政权不稳定的国家公布人口数据本身就是危险的做法。第四章描述的缅甸罗兴亚人就是典型的例子。1983年缅甸进行人口统计之后，官方报告称穆斯林人口占总人口的比例为4%，不过大多数学者估计实际比例是这个数据的两倍多。从那时起，这个比例就一直在增长。斯特兰德和同事认为："现在的局面让政府感到棘手，因为准确报告当前罗兴亚人的数量将会证明两点：一是在过去30年里穆斯林人口增长了两倍，二是佛教徒所说的缅甸正在被穆斯林占领的观点是可信的。"

然而，即使政权稳定，人口结构问题也同样引发争议。这是因为人口结构变化本质上与身份政治有关。人口出生率和死亡率发生变化，不同民族、种族或宗教的移民率发生变化，都会影响对资源和影响力的竞争。生育率高的群体将比其他群体增长更快，一个民族迁移到其他民族占主导的地区，就会改变该地区的人口组成。身份是主观的、流动的，人们会判定、观察、分配和索要身份——简而言之，身份很重要。身份政治会继续存在，如果我们追踪人口趋势，我们就会更好地了解种族灭绝等暴力身份冲突和右翼民粹主义等非暴力身份冲突。当然，这些冲突不仅仅与人口结构有关，如果不了解与冲突息息相关的人口动态，就无法理解冲突。

在第一部分，我们看到了政策干预是如何影响生育率、死亡率和迁移模式的。现在，我们深入探讨一下为获得政治力量而进行的有目的的人口操纵——这涉及一个名为"人口工程"的概念。提出人口工程概念的两位核心学者迈伦·韦纳和迈克尔·泰特尔鲍姆将其定义为"政府旨在影响人口规模、组成、分布和增长率的所有政策"。其他学者，如伦敦大学的保罗·莫兰，将其狭义地定义为冲突中的群体经常基于种族对人口进行操纵。无论是哪种定义，人口工程的目的都在于获得相对优势。人口工程的许多尝试都相当温和，会采取"胡萝卜"的形式，比如为有孩子的家庭减税或提供月度补贴，而其他的尝试则更具有强制性，特别是当采取"大棒"政策而不是"胡萝卜"政策时。人口工程最严重的形式是种族灭绝,即为了达到政治目的而消灭敌对群体。

种族灭绝通常被解释为身份冲突。但是,身份本身非常复杂。虽然我们大多数人可能会认为身份是固定的,尤其是种族或民族,但身份其实是流动的,身份群体是随着时间变化的"想象的共同体"。一个典型的例子是卢旺达,这是一个因种族灭绝而臭名昭著的国家,社会身份在整个20世纪都在被反复修改。

位于首都基加利的卢旺达种族大屠杀纪念馆展现了卢旺达身份类别的创建和转变,同时沿着曲折的历史时间轴,揭示了殖民之前、殖民期间和殖民之后针对族群所犯下的暴行。在殖民之前,卢旺达社会划分了19个部族,其中包括图西族和胡图族。在20世纪的大部分时间,胡图族、图西族和特瓦族之间的分类体现了部族的社会经济等级,但是这种分类是变动的。部族身份可以沿着父系追溯,这三个主要部族之间进行通婚在数个世纪以来已经形成惯例。这些部族都说同样的语言卢旺达语,信奉同一种宗教,共享同一种文化。这些实际存在的相似之处在比利时殖民政府手中正式宣告结束,一个世纪以后,卢旺达人仍在应对激烈的社会动荡。

殖民者根据职业将拥有至少10头牛的人指定为图西族,将拥有不到10头牛的人指定为胡图族或特瓦族,并且宣布这种身份可以传给后代。这种新的分类方式抹掉了社会经济标志,把指定的类别添加到民族身份上,以示种族特征并将其固定下来。甚至在1994年可怕的种族灭绝之前，无论是在比利时人的统治之下，还是1962年比利时人离开之后，卢旺达社会已经因为这些不同的身份变得四分五裂。尽管比利时人以及之前的德国殖民者都支持人口占少数的图西族，但是在非殖民化的过程中，比利时人转而支持人口占多数的胡图族，因此煽动了1959年革命，推翻了图西族的政权。从1959年至1973年，大约有70万图西族人遭到流放，其中包括非常年轻的保罗·卡加梅（2000年成为卢旺达总统）及其家人。后来发生的杀戮是由格雷戈瓦·卡伊班达领导的独立政府实施的，卡伊班达是胡图族民族主义的缔造者和卢旺达第一任总统。

学者们已经表明，权力集中在占统治地位的少数人手中可能会招致灾难，卢旺达当时的情况正是如此：比利时人将政治控制权交给人口占少数的图西族，这是一种常见的殖民策略，目的在于避免进一步赋权占多数的人口。正如学者海伦·亨特金斯解释的那样："通过引入基督教和'整顿'卢旺达社会群体，比利时殖民政府打破了包括宗教信仰体系和宗族结构在内的社会凝聚机制。这在胡图族和图西族身份之间造成了巨大分歧，并开始破坏卢旺达的君主制社会。"分歧不仅存在于不同民族之间，也存在于族群内部。1973年，来自北方吉塞尼市附近的胡图族人朱韦纳尔·哈比亚利马纳对胡图族同胞卡伊班达发动政变，成为总统。此前，卡伊班达的政府被卢旺达中部的胡图族控制，把北方的胡图族排斥在外。

第五章　战争和"子宫战争"　　　133

从 20 世纪 80 年代末开始，经济危机和不断增长的贸易赤字助长了胡图族对图西族取得更大成功的怨恨——身份群体之间的界限更加明显。当哈比亚利马纳政府拒绝考虑流亡的图西族人回国时，他们使用了人口统计上的借口：卢旺达人口密集，不允许任何人回国。出于这一决定，一支由流亡的 5 000～10 000 图西族人组成的游击队于 1990 年进入卢旺达，要求政党代表和流亡者重返家园，结果导致国家陷入了一场短期内战。咖啡是卢旺达的主要出口产品。但是，在接下来的几年里，随着咖啡在国际市场上价格暴跌，腐败也日趋严重，公共收入减少，社会变得更加军事化。1994 年 4 月 6 日晚上，载着总统哈比亚利马纳的飞机被击落后，局势到了危急关头。

1994 年，从 4 月 7 日到 7 月 15 日的数周内，就有多达 100 万图西族人、特瓦族人和温和的胡图族人在大屠杀中丧生——死亡人数占卢旺达总人口的 5%～10%。联合国儿童基金会进行了一次创伤调查，据估计，1994 年 80% 的卢旺达儿童经历过家人死亡，70% 的儿童目睹有人被杀或受伤，90% 的儿童认为自己会死亡。卢旺达三分之二的人口流离失所。导致种族灭绝的不仅仅是人口统计，也不仅仅是针对这些群体的身份政治。身份是政治目的的面具，我们之所以知道这一点，部分原因是在卢旺达种族灭绝之前的大部分历史时期，身份都是相对流动的。与许多类似的冲突一样，卢旺达的种族灭绝更多时候是与权力有关，而不是与身份有关——政府试图掌握权力，而种族灭绝是达到这一目的的手段。种族灭绝前的冲突披着人口统计的外衣——种族划分和关于人口密度的争论，但是这实质上也与对政治权力的渴望有关。然而，如果不了解人口结构，我们就无法充分理解这些事件。

尽管骇人听闻，但是这种类型的种族灭绝曾经频频发生，例如斯雷布雷尼察大屠杀以及1965年印度尼西亚排华事件。由于这些杀戮事件规模太大，种族灭绝常常受到公众或者至少是学术界的关注。我们接下来要讨论的是规模较小、更为隐蔽、吸引较少注意的人口工程形式。

* * *

波兰犹太裔法学家拉斐尔·莱姆金根据希腊语前缀"genos"（种族）和拉丁语后缀"cide"（杀戮）创造了"genocide"（种族灭绝）一词。1948年的《防止及惩治灭绝种族罪公约》将试图阻止一个群体的生育列为种族灭绝——这是人口工程的一个明显案例。从那时起，各种团体都在为扩大定义而争论不休，并将这个术语应用于不同的案例。加拿大就是典型的例子，它涉及肮脏的身份政治和人口工程遗产，加拿大政府承认这是文化灭绝。

在100多年的时间里，加拿大政府把土著家庭的孩子带走，送到寄宿学校，通过教育让他们接受占统治地位的欧洲基督教文化。根据政府估计，至少有15万土著儿童在寄宿学校就读，这种制度引发的暴力和虐待对几代人都产生了影响，表现为更严重的精神疾病、酗酒、自杀、贫困，甚至将土著儿童送给别人寄养。对于最后一种情况，有些人认为是寄宿学校制度的延续，只不过采用了一种新的形式。加拿大真相与和解委员会在调查了寄宿学校制度后揭示其影响：

> 文化灭绝是指破坏那些允许一个群体继续存在的社会结构和活动。实施文化灭绝的国家首先会破坏目标群体的政治和社会结构，然后没收土地，强行转移人口，限制他们的行动。此外，还会禁止他们的语言，迫害精神领袖，没收和毁坏有精神价值的物品。而且，最重要的是，为了防止文化价值观和身份代代相传，要破坏他们的家庭。在对待土著的过程中，加拿大做过所有上述事情。

加拿大并非唯一这样做的国家。1973年澳大利亚联邦反亚洲移民的种族主义政策被废除之前，一直试图通过一种同化政策来确保社会凝聚力，即只接收来自英国、爱尔兰和欧洲以英语为母语的白人人口，这一点我们在关于移民的第四章已经看到。同化政策听起来并不坏，但是澳大利亚的这一政策旨在消灭国内被视为低等人的黑人——要么通过自然淘汰（希望他们自然灭绝），要么将他们的文化同化为白人文化。于是，族裔同质性主导了早期的"澳大利亚性"这一观念。殖民者绑架了土著和托雷斯海峡岛民的儿童，把他们当作廉价的劳动力使用。

在 20 世纪早期，政府开始担任土著的"保护者"，因为他们认为土著无法顾及自己的最大利益。澳大利亚政府的说法是："在保护的名义下，土著几乎完全被控制。他们进出保留地的权利受到监管，他们在保留地的日常生活、结婚和就业也是如此。""保护"还意味着政府开始强行带走土著儿童，将他们安置在收养家庭或机构中，向他们灌输占据主导地位的白人文化，这与对加拿大土著的"同化"非常相似。他们的目标是让那些混血儿，即土著与欧洲人的子女，最终与具有欧洲血统的人融合。他们认为如果对这些儿童进行正确的教育和灌输，这个目标是可以实现的。有时他们会给儿童改名字，禁止他们讲母语。社会达尔文主义者青睐那些肤色较浅的儿童，他们在理论上更有可能融入白人社会。从 1910 年到 1970 年，估计有 10% 到 33% 的土著儿童被带离家庭。他们和后代被称为澳大利亚"被偷走的一代"。

类似的文化灭绝例子不胜枚举，而且纵观历史，它们常常与优生计划呼应。"改良人种"是优生学的目标，它与种族问题有关。例如，墨西哥的优生历史就带有"漂白"土著儿童的企图。从大规模人种灭绝到文化灭绝，我们可以看出人口统计与政治密不可分，因为内群体和外群体的相互作用会影响全世界的命运。

领土也是人口工程的一部分，因为它可以成为权力的象征，以及扩大政治和人口结构影响力的工具。生存空间（lebensraum）

这个概念有助于我们从人口统计的角度理解领导人是如何证明这种扩张的合理性的。

在德语中，"lebensraum"一词由德国地理学家弗里德里希·拉采尔在19世纪晚期提出。在希特勒和纳粹党为了自己的邪恶目的而采用这个概念之前，它指的是拉采尔的达尔文主义理论，即任何物种的发展都受其适应地理环境能力的影响。关于生存空间理论，最有影响力的是拉采尔的观点：为了保持健康（为了生存和发展壮大），一个物种需要不断扩大自己的领土，对人类而言，就是要在新的领土上建立农业中心。

19世纪八九十年代，"生存空间"这种松散的意识支持了德意志定居者的殖民主义，后来在第一次世界大战期间进一步推动了占领德国东部领土的行动计划。在第一次世界大战之后，《凡尔赛和约》导致数百万德国人与母国分离，对德国产生了深远影响，这使他们对"生存空间"更加重视。此外，20世纪20年代早期的经济形势岌岌可危，遭遇恶性通货膨胀，产生了"无能为力的感觉"和"对社会解体的痛苦感知"。19世纪后期成立的泛德联盟是一个影响深远的政治组织，为希特勒对生存空间的解释奠定了基础，希特勒强烈要求文化同质化和帝国主义扩张，主张"战争是历史的必然"，目的是使德国成为世界强国。

在政治生涯之初，阿道夫·希特勒就开始强调生存空间，以及德国的崛起和复兴。和当时的许多德国人一样，希特勒认为德国是全球秩序不公平的受害者,向东部扩张是德国"全球力量的基础"、"抵御'经济死亡'的手段"和"种族复兴的源泉"。对生存空间的强调在德国境内制造了一场新的冲突,即土生土长的日耳曼民族与生活在德国但"没有任何土地乃至生存空间权利"的"其他人"之间的冲突。于是,纳粹党开始集中精力通过强制或其他暴力手段驱逐任何不符合种族定义的人。随着第二次世界大战在东欧的爆发,驱逐行动变成了大规模的种族灭绝。

在不到一个世纪的时间里,弗里德里希·拉采尔提出的生存空间论在很大程度上变成了世界上某些地区极端暴力行为的动机。迈伦·韦纳和迈克尔·泰特尔鲍姆敦促区分两种人口统计,一种用来解释人口问题,另一种被当作侵略扩张的理由。生存空间论显然属于后者。

主权原则为第二次世界大战后的国际关系夯实了基础,这意味着生存空间在今天已经不再是大问题,但是也有例外。我们通常认为巴以冲突与领土有关,但是也与人口有关。特别是在以色列内部,针对领土和人口的不安全感让每个群体都觉得自己面临着生存威胁,并因此推动这场棘手的战争。建立以色列国家作为犹太人永久的家园,反映了人口构成引发的不安全感,而这种不安全感是在大屠杀之后不久才出现的。在正式建国后的短时间内,以色列的人口就出现了巨大增长,截至2020年,人口由80.6万增长到870万,增幅约10倍,但人口构成的变化才是政治问题的核心。1948年建立国家时，以色列82%是犹太人，其余以阿拉伯人为主。到2021年初，犹太人的比例下降到不足74%，而阿拉伯人口则增长到21%，近5%的人被认定为"其他民族"。这些变化源于生育率和人口迁移趋势。几十年来，建立犹太人家园的可能性吸引了一批又一批来自世界各地的犹太人，特别是那些在第二次世界大战结束时被解救的犹太人，还有后来在冷战结束和苏联解体时被重新洗牌的犹太人。在此过程中，移民改变了以色列的人口结构。在很长一段时间里，移民在以色列的人口构成中扮演着重要角色。1950年，以色列只有35%的犹太人在本国出生，但是到2019年，这一比例达到了78%。以色列增长的大多数人口都归因于生育率。我们已经多次看到移民具有政治影响，但是生育率的政治影响丝毫不亚于移民，尤其是在以色列，犹太人和阿拉伯人因为一种行为互相指责对方，我的同事莫妮卡·达菲·托夫特称之为"子宫战争"。

莫妮卡·达菲·托夫特解释称"子宫战争"是一种获得政治优势的策略，也是一种利用生育率击败敌人的针对性做法。这样做是基于一种假设：生的孩子越多，一个民族或宗教群体就越强大。几十年来，犹太人和阿拉伯人都指责对方发动此类战争。下面概述一下：在21世纪初，穆斯林的生育率比犹太人高出近2个孩子——根据以色列的数据，穆斯林的总和生育率为4.57，犹太人为2.67。巴以冲突的解决方案遥遥无期，当时的许多媒体都指出，如果阿拉伯人能耐心等待，他们将在以色列、约旦河西岸和加沙地带成为多数人口。人口问题是这次冲突的关键。许多媒体报道称，巴勒斯坦解放组织领导人亚西尔·阿拉法特曾将巴勒斯坦妇女称为"生物炸弹"。但是到 2019 年，总和生育率已经几乎持平，穆斯林为 3.16，犹太人为 3.09。争论已经平息，但是新的人口问题又出现了。穆斯林生育率下降得非常明显，而犹太人的生育率上升得很快，这是由以色列犹太教正统派哈雷迪派的极高生育率推动的，这个教派平均每个妇女生育 7.1 个孩子。

由于生育率如此高，以色列的人口构成不仅拥有更多的犹太人，而且拥有更多的正统派（见图 5-1），这产生了独特的后果。正统派男性可以免除强制兵役，接受政府的特殊补贴，就业率远低于非正统派男性——二者 2018 年的就业率分别为 51% 和 87%。一些观察人士警告称，随着他们人数的增加，以色列的经济和军事力量可能面临危险。然而，我们需要对人口预测持保留态度：从目前的生育率推断，未来的人口比例可能会夸大他们的数据，因为并非所有正统派父母生育的孩子最终都会成为正统派教徒。如果的确如此，今天正统派教徒的比例会更高。在某种程度上，极端正统派犹太人群体和其他发达国家的老年群体享受同等的社会服务和特权，因此和这些发达国家的人一样，以色列也担心国家将无力承担日益增多的受抚养人口的费用。然而，正如老龄化国家一样，服务和特权的承诺是出于政治考虑，而不是永久性的，而且随着政治风向的转变，这些承诺可能会被撤销。

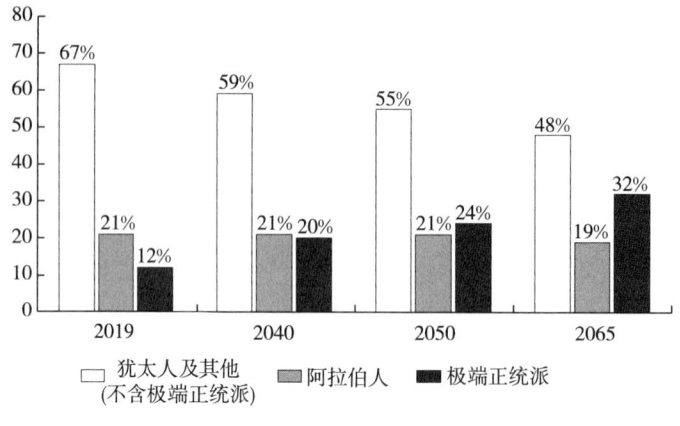

图 5-1　以色列人口转变预测图

阿拉伯人还指责以色列进行其他形式的人口工程，包括为建设以色列国家实施人口迁移。他们说以色列正在把人口用作武器，把以色列犹太人从人口中心进一步推向阿拉伯地区。根据这种观点，以色列的定居政策是"蓄意在冲突地区创造一个实际的犹太人存在，以此加强领土控制，促进人口结构平衡，甚至占据大多数"。如果不了解人口和领土之间的相互作用，我们就无法理解以色列的政治。生活在以色列控制下的约旦河西岸的巴勒斯坦人，人数在150万~250万，他们在以色列没有投票权，而且他们的人数正在减少。经过几十年对阿拉伯裔以色列人高生育率的讨论，形势似乎已经发生了变化。阿拉伯裔以色列人和生活在以色列的巴勒斯坦人最多占以色列现有人口的三分之一。生育率并非造成这些人口结构差距的唯一原因：从2000年至2010年，以色列犹太人的预期寿命增加了3.2年，而阿拉伯人的预期寿命只增加了 2 年。尤里·萨多特在《外交政策》上说："这一差异相当于以色列的犹太人口在 10 年中增加了 2%，约等于新增 12.8 万名移民。"萨多特指出，以色列的领导人也可以利用政策来影响政治数据："如果以色列采用类似美国或加拿大的海外移民投票政策，那么它将在选民名册上增加数十万名选民。"以色列是代议制民主国家，实行比例代表制，席位门槛低（一个政党只要获得 3.25% 的选票就可以进入议会），人口结构的任何变化都会对以色列的内外政策产生重大影响。

和以色列一样，人口、宗教和领土也是现代印度的核心。英国在对南亚次大陆进行了将近 200 年的统治之后，在 1947 年 8 月 15 日午夜钟声敲响时移交了印度的统治权。第二次世界大战对英国的经济造成重创，因此英国渴望摆脱这个曾经耀眼的殖民地。1947 年 3 月，新任总督路易斯·蒙巴顿勋爵抵达印度，迅速采取行动处理移交政权事宜，并征召英国律师西里尔·拉德克里夫制订计划。拉德克里夫坐在舒适的办公室里，仅仅用了 5 个月的时间就划出两个即将独立的国家的界限。这一结果影响了历史进程。

根据拉德克里夫的设计，将出现印度和巴基斯坦两个国家，印度大多是印度教徒，巴基斯坦大多是穆斯林，分布在东西两块领土上，中间被 1 600 千米的领土隔开（东巴基斯坦在 1971 年独立，建成孟加拉国）。当然，并非所有的穆斯林已经生活在巴基斯坦的领土上。同样，在巴基斯坦的新领土上也有印度教徒。

印度一半的锡克教徒最终站在了分治后的穆斯林一边。虽然理论上不要求群体迁移,但是许多人害怕留在原地,成为人口结构中的少数群体。在分治之前,英属印度四分之三都是印度教徒,因此对许多穆斯林而言,分而治之可以让他们逃离印度教的统治,这种想法是对的,所以有 1 400 万至 1 500 万人跨越了新的边界。长期以来,不同宗教信仰的人生活在相对和平的环境中,但是引发了有史以来最严重的暴力事件,多达 100 万人死于这场令人恐惧的"斩草除根"暴力行动。正如作家尼西德·哈贾里描述的那样:"一帮杀人凶手点燃一座座村庄,砍死男人、儿童和老人,掳走年轻的妇女。目睹过纳粹死亡集中营的英国士兵和记者声称,印巴分治引发的暴行甚至更加令人发指。"

这次最严重的暴力事件持续了 6 周,但是它产生的影响足以令数代人不安,民众内心充满了恐惧和怀疑,而且频频发生冲突。此后,人口压力一直困扰着这片大陆。印度最近几次公布的人口数据刺激了印度教民族主义运动,他们指控印度穆斯林实质上发动的是一场生育领域的"战争"。"爱情圣战"运动指责印度的男性穆斯林(被称为"爱情罗密欧")通过与印度教女性建立恋爱关系发动"圣战",旨在"通过一场持续的人口战争扩大人口规模"。几乎没有证据表明"爱情圣战"的确在发生,但是,我们应该注意到这其实是由延续这个荒诞说法的右翼民族主义者发动的一场恐怖运动。在通常情况下,引起人们反应的是对人口结构变化的恐惧，而不是人口结构的真正变化。与穆斯林相比，印度教徒的人数正在小幅减少——从2001年人口统计的80.5%下降到2011年人口统计的79.7%，而穆斯林在印度人口中的比例则从13.4%上升到14.2%。与此同时，印度教民族主义正在复苏。

由人口结构引发的担忧充斥着印度政坛。2019年12月11日，印度通过了《公民身份法修正案》，为来自阿富汗、巴基斯坦和孟加拉国的移民提供公民身份，前提是他们不是穆斯林。2019年颁布的这部法律，实际上将宗教身份归于血统问题，将信仰视同父子相传，而非个人属性。圣雄甘地和贾瓦哈拉尔·尼赫鲁等主张印度脱离英国独立的人坚持让印度成为世俗国家，不同宗教背景的人都可以在这里和睦发展，但是2014年上台的纳伦德拉·莫迪总理领导的政府则坚持让印度教占据主导地位。这种情况在未来如何发展，在很大程度上取决于领导层，他们既有能力让人们对人口结构感到恐惧，也有能力抑制这种恐惧。

* * *

当国家内的不同群体自然增长或以不同的移民速度增长时，往往会针对经济资源、政治权力或文化影响力的获取发生冲突。民族、种族和宗教被当作内群体和外群体的标志，这是区分彼此所属群体的方式，由此也创造了一种族群意识。就像我们在卢旺达看到的那样，这些群体之间的界限是不断变化的，但是它依然存在，而且依然重要。大多数学者将民族社区概念化为想象社区，这些社区围绕共同的祖先和历史形成，其成员通过语言、习俗、宗教或外表等将自己与其他民族社区区分开来。民族社区是想象出来的，因为它是构建的，但"往往是包容性社会制度建立的基础"，也是激进政治变革的基础。

也许种族政治最激进的形式是内战。在政治学中，我们将一个群体进入另一个群体领土的冲突归类为"大地之子"冲突。在这些冲突中，当地成员是"大地之子"，这意味着他们与土地有着某种联系，他们与新来的移民截然不同。科特迪瓦是人们研究得最多的案例，它说明民族差异是如何被"想象"出来的，但是却导致了严重后果。

科特迪瓦这个西非国家出现问题的根本原因是金钱，它的经济核心一直是生产可可，目前仍然是世界上最大的可可生产国。几十年前，政府有意鼓励劳动力向西部种植园迁移。布基纳法索等邻国成千上万的工人蜂拥而入，导致当地居民背井离乡，到20世纪80年代末，这些工人的人数占到当地人口的50%～60%。当地居民的经济财富相对于新来者出现下滑，于是怨恨开始以身份政治的形式表现出来，即一种"我们"与"他们"的对立。20世纪90年代中期，出现了科特迪瓦人这种排外身份，将当地人和移民分开。1994年，这种身份在一项法律中得到了政治体现，该法律规定总统候选人不仅必须是科特迪瓦人，而且父母必须出生于科特迪瓦。根据伊莎贝尔·科泰和马修·米切尔的研究，针对这种身份冲突制定的政策，威胁到所有移民的公民权利和土地权利，达到了不用暴力不能解决的地步，并于2002年导致内战爆发。

即使拥有稳定的政治制度，当民族政治被列入重要选举议题时，也可能会引发重大变革。无论我们谈论的是社区层面还是国家层面，人数被超越都会引发极大的恐惧。从1850年到1930年，瑞典有100万人移民美国，还有数十万人移民到欧洲其他国家。1927年离境潮进入尾声时颁布的《外国人法案》是瑞典第一部移民法。学者阿德米尔·斯科多说，这部法律最初是为了保护瑞典工人免受外国竞争，并确保不受欢迎的种族人口与瑞典人划清界限。显而易见，当时流行的种族主义和优生学产生了很大影响，就像其他国家的移民法律一样，比如1924年美国禁止亚洲人移民的《移民法》。

在稳定的民主制度国家，身份政治仍然非常重要。最典型的例子就是魁北克差一点就脱离加拿大。加拿大以外的人已经忘记，1995年加拿大几乎要沿着法语区和英语区发生分裂。魁北克分离主义的根源是数个世纪以来由于生育率和移民导致的不同的人口结构变化。在18世纪，魁北克的生育率几乎是人类历史上有记录以来的最高水平，仅次于虔诚的基督教胡特尔派，但是到20世纪六七十年代，魁北克的生育率骤跌至世界最低水平。20世纪80年代末、90年代初，魁北克法语人口的出生率降低，同时定居于此的讲英语的移民不断增加，而且加拿大其他地区的生育率相对较高。魁北克分离主义运动的领导人，包括魁北克人党的领袖勒内·莱韦斯克，都对魁北克法语区可能会消失的前景感到担心。由于入境移民提升了魁北克的人口总数，而且加拿大总体生育率也出现下降，20世纪八九十年代魁北克和加拿大其他地区之间的生育率差距逐渐缩小。声势浩大的民族主义运动认为英语人口的影响逐渐蔓延，因此想方设法进行阻止，引发紧张局势不断升级，结果到1995年不得不进行全民公投。最终，魁北克保留了下来，但是优势极其微弱：50.58%的人支持留下，49.42%人支持脱离。后来，英国以类似的微弱优势脱欧成功，这说明加拿大距离魁北克戏剧性的独立只不过一步之遥。

正如本书多次提到的，人口结构的迅速变化有时会引发社会和政治巨变。2004年欧盟扩大，时任英国首相托尼·布莱尔批准8个最新加入欧盟的东欧国家的公民在英国工作，它是唯一一个采取这个举措的主要经济体。结果，英国发生了巨变。在布莱尔做出这一决定之前，英国境内来自8个国家的移民人口大约是16.7万，到2011年接近100万，到2014年达到124万，而新政策才刚刚实施了10年。另外还有其他方面的变化。从1991年到2011年的20年间，英国的非白人人口比例从7%增长至14%。到2015年，一批批寻求庇护者抵达欧盟的南部和东部边境，加剧了人们对欧盟开放边境带来的人口结构变化的担忧。仅这一年，就有近130万人向欧盟申请庇护。

这些变化在 2016 年 6 月 23 日的全民公投中达到了顶峰，当时英国人以 130 万人的多数票赞成脱离欧盟，投票率高达 83%。事后分析似乎清楚地表明，那些投票支持脱欧的人心中明白脱欧几乎不会带来什么经济利益——如果英国脱欧，再进行贸易和工作协议的谈判显然会困难重重。然而，留欧阵营错误地聚焦经济角度，希望通过诉诸经济理性胜出。最终，他们却以失败告终。投票前一个月进行的一项民调显示，支持脱欧的投票者有 95% 认为政府应该以脱离欧盟为代价来控制边境，态度不确定的投票者中也有 60% 持同样的看法。加强边境控制的愿望与来自移民的就业竞争无关，尽管康沃尔、威尔士和北部铁锈地带等贫困地区投票赞成脱欧的人最多，但是正如学者莎拉·哈珀所说，对许多投票者而言，英国脱欧是文化和价值观的竞争。虽然英国与欧盟的关系一直都很复杂，而且主权是一些投票者最关心的问题，但是埃里克·考夫曼的研究支持哈珀的说法。他发现只要提及 2060 年移民将会改变英国的族裔构成，对移民限制的支持就会增加 25 个百分点。在英国脱欧的投票中也能看到这一点，因为英国最大城市（伦敦、曼彻斯特、伯明翰和利兹，这些都是多元化城市）84% 的投票区投票支持留在欧盟，而农村却有 87% 的投票区投票支持脱欧。

在本章开头，我们看到了在身份划分极为严格的背景下进行人口统计是多么危险，但是不进行人口统计常常同样糟糕，有时还会使恐惧加重。例如，美国和法国缺少宗教人口统计数据，这使恐惧制造者可以随心所欲地编造当地穆斯林人口增长的数据。2016年对法国公民的一项调查显示,他们估计法国的穆斯林人口约占三分之一,即31%,而根据皮尤研究中心的数据,这个数据实际上很可能是7.5%。

法国采取的融合模式(也称共和模式)与加拿大和澳大利亚对土著的政策类似。它期望移民"主动抛弃以前的身份,获得唯一的法国身份",为社会凝聚力做出贡献。2005年,在法国郊区爆发了一系列骚乱,这些郊区居住的主要是具有移民背景的人。从这些骚乱中,我们清楚地看到这种模式的主张。骚乱者大多是第二代和第三代年轻移民,其中许多人出生在法国,拥有法国公民身份,但是他们在当地遭到歧视,就业也非常困难。这种歧视清楚地体现在某些政府官员对局面的描述上,时任法国总统尼古拉·萨科齐尤其如此。学者玛丽·德内日·莱昂纳尔认为,萨科齐通过种族框架把"骚乱的受害者——白人好公民"与参与骚乱的"移民、穆斯林、郊区'败类'和犯罪分子"区分开来,由此否认骚乱具有合法意义。在萨科齐看来,郊区"倾向于暴力以及制度对抗",充斥着"毒贩、黑帮头目或穆斯林构成的网络",从而催生了将种族和移民、犯罪和城市暴力文化联系在一起的框架。

当涉及人口数据时,去收集会被诅咒,不去收集也会被诅咒。现在我们对比一下黎巴嫩和以色列。黎巴嫩预先阻止了人口统计,而以色列则定期公布官方人口估算结果。在黎巴嫩,由于不知道主要宗教群体的比例发生了什么变化，人们对过时的政治分配产生了怨恨。在以色列，人口构成发生了显而易见的变化，引起了少数群体巨大的政治焦虑，它们感觉其他群体运势上升，而自己却出现下滑。我们看到法国不收集也不报告有关宗教构成的数据，结果法国人高估了穆斯林所占的比重——在缺乏官方数据的情况下，看法就显得更加重要。

在这个大数据时代，我们有能力收集和整理比以往更多的人口信息，但是这会引发恐惧，仿佛有人在监视着我们的一举一动。然而，了解一个国家的人口构成一直意义重大，这也是我们在历史上拥有良好的出生记录和死亡记录的原因之一。然而，决定哪些人口统计信息应该被收集，哪些不应该被收集，已经成了最高层面的政治问题。例如，在2020年的美国人口统计中，特朗普政府提议在表格中增加一个关于公民身份的问题，表面上是为了统计美国的非法移民人数。结果，这次人口统计引发了政治争议。这个问题是2018年3月添加到表格中的，但是移民倡导者和其他人成功地主张将其移除，理由是担心政府能够识别并驱逐那些被认为拥有非法身份的人，而且填表者几乎没有动机如实回答这个问题，或者完全拒绝回答，这些数据甚至还不如目前的估计准确。收集哪些数据和结果的可信度是两个非常复杂的问题。

* * *

可以肯定的是，鉴于目前的全球化、生育率趋势和移民趋势，在未来几十年，国家的种族构成将继续发生变化。这些趋势和变化，不管是赋权该国反对移民的政党，还是在依靠街头而不是投票处理冲突的国家煽动暴力，都将产生政治后果。下面是审视人口构成变化后得出的几条教训。

第一，为了促进社会和谐，各个国家需要制定政策解决教育、就业和贫困问题，而不是仅仅制定针对新移民的融合政策。在欧洲、北美等地区，在澳大利亚等国家，具有移民背景的人需要获得优质教育、就业权限和信息。正如我们在2005年法国骚乱中看到的那样，由于缺乏成功的机会，处于边缘的人口积怨日深，而且随着不平等的加剧，社会进一步分裂。具有移民背景的人如果能够获得更多的政治代表，也有助于他们制定对自己有利的政策。

第二，即使获得了代表权，人口统计和民主进程之间的关系也不是直接的。我们的第二个教训是，西方民主制度并不适合所有国家。政治学家有一个不断增加的名单，列出了民族构成极为重要的各种情况，他们发现有时候民族分化程度越高，意味着冲突的可能性越大，但在其他时候则意味着冲突的可能性更小。例如，联邦体制把国家权力从中央移交出去（想想美国或德国），但是在民族多元化的国家是不稳定的，除非多数群体没有专属聚居地，或者联邦体制是一致协商的结果，而不是外部强加的。有保障的代表权也有助于促进和平。正如北爱尔兰的情况（新教徒和天主教徒之间的暴力冲突）所示，不同群体的声音都有平等的机会被听到，这种治理模式往往来自和平谈判。"协商"有时会在议会中给不同的民族分配席位，确保它们在议会中的代表席位，重点是通过协商一致进行治理。因此，仅仅因为民族出现分裂或多样化，并不意味着一个国家不稳定或更容易发生暴力。这些民族身份多么显著或多么有意义同样重要。例如，阿根廷被认为是移民社会，但是分裂是基于意识形态，而不是人口结构。

第三，我们需要认识到，在族群和宗教平衡非常脆弱的国家可能会充满冲突。埃及在"阿拉伯之春"后的冲突就是一个例子，冲突的一方是亲西方的自由派势力和左翼分子，另一方是穆斯林。如果专制统治者试图通过操控民族掌握权力，那么在民族冲突中试图实现民主就可能是一场灾难。民主的核心是数字，民主化可能会让少数族群失去所占据的主导地位，他们当然会千方百计保住自己的地位。

第四，我们不应该将身份群体视为铁板一块。通过以色列的例子可以看到，仅仅从整体关注犹太人口将会忽略一个事实，即最引人注意和政治上最重要的推动力来自犹太人口内部——主要是在世俗人口和犹太教正统派之间。放在其他政治环境中，分析严守教规与不严守教规的教徒的政治倾向也是如此。宗教冲突可以激发不同国家采取行动，但民族冲突却很少如此。

第五，看法非常重要。实际数据并非影响政治的必然条件——我们明白自己的看法很重要，是因为发布人口统计数据将会增加冲突风险。"我们"与"他们"之间的对立无处不在。

随着人口结构的变化速度加快，特别是民族、种族和宗教构成的变化加快，我们可以预见身份冲突将会加剧。这些冲突会演变成暴力，还是仍然局限于选举，将取决于现有制度的优势及其运转。

南北半球之间的分歧也与此相关，因为南半球国家的制度更加脆弱，在人口压力下会分崩离析。北半球国家更有可能看到人口压力改变政党的相对权力，使社区紧张不安，并爆发孤立的暴力事件。在南半球和北半球，人口都至关重要。

第六章

马尔萨斯和马克思

政府试图通过鼓励生育或节制生育、改善健康条件、出台移民政策等举措来实现理想人口,这样的例子比比皆是。正如我们在第五章看到的,其中一些举措是以身份政治的名义推出的,但很多时候这些措施的背后都有经济动机。各国通常都在追逐一种被称为"机会之窗"的甜蜜点①。如果高生育率导致青年人口"太大",低生育率导致劳动年龄人口"太小",国家如何平衡人口动态,让它"恰到好处"地为经济增长和生活质量改善提供条件呢?换言之,人口结构如何加速或阻碍经济发展呢?年龄结构是为提高生活质量和经济增长创造条件的主要因素之一。城市和农村地区的人口分布是另一个主要因素。这两种人口动态密切相

---

① 甜蜜点(sweet spot)是指高尔夫球杆的最佳击球点,这里的意思是指最佳平衡点。——译者注

关，因为全球人口年龄最年轻的地区在很大程度上是城市化程度最低的地区。

15岁以下的儿童占总人口的比例低于30%，65岁及以上的老人占总人口的比例不到15%，经过这样一个生育率下降期后，一般而言，人口的机会之窗就会开启。在此期间，年龄中位数处于26～40岁。当机会之窗打开时，各国都会看到健康、教育、经济增长和政治稳定的红利。通常，学者将这种年龄结构转变带来的利益称为"人口红利"，即生产性人口的增长速度高于总人口的增长速度，而且人均收入增长速度也在加快。我们可以把它想象成这类人口比例的增长，即具有生产力、能纳税、参政、服兵役的人口，与之相对的是退出（或本身不属于）劳动大军而且可能依赖他人赡养的那部分老龄化人口。但是，每一个有储蓄账户的人都知道，只有投资才能获得分红。人口红利也是如此。

为了利用机会之窗，爱尔兰采取的政策恰到好处，首先是20世纪50年代进一步开放经济，鼓励外国直接投资并促进出口，然后是从20世纪60年代中期开始实施从小学到中学的免费义务教育。在人口红利的那些年份，相对于欧洲其他经济体，"凯尔特之虎"的人均增长相对较高——从1960年到1990年每年增长3.5%，到20世纪90年代每年增长达到5.8%。（5岁以下）儿童死亡率从1950年的49‰下降到了20世纪末的7‰。

人们所说的亚洲四小龙——中国香港、韩国、中国台湾和新加坡，也是抓住机会之窗的经典案例。20世纪六七十年代，它们开始启动节制生育计划，对优生子女进行教育投资。甚至在人口增长开始下降之前，中国、韩国、泰国和印度尼西亚的政府就发起了扫盲运动，改善公共卫生，这些国家已经做好了充分利用机会之窗的准备。亚洲利用人口转变加速了经济增长。关于这一主题的一项有名的研究发现，亚洲三分之一到二分之一的经济奇迹要归因于1965—1990年（在此期间，劳动年龄人口的增长速度几乎比需要抚养的人口快10倍）的东亚人口红利和人口密度的变化。道理似乎很简单：当年轻人相对于工人的比例下降时，它会"减轻儿童健康和教育服务压力，刺激储蓄，提高生产率，增加人力资本投资，最终促进工资增长"。

但是，如果机会之窗开启时没有采取正确的政策，会发生什么呢？国家可能会浪费红利，与经济加速增长的机遇擦肩而过。东亚一些国家在1975—1995年（它们的人口红利年）人均增长率为6.8%，而在同一时期，尽管拉丁美洲的人口结构与之相似，可是它的增长率却只有0.7%。人口统计学家估计，由于人口红利，拉丁美洲每年的经济增长率本来可以达到1.7%，但是该地区的国家对人口投资不足，结果未能充分利用年龄结构优势。

一大批新的国家正在开启或已经开启机会之窗，至于窗口关闭时它们的经济发展如何，现在的投资将产生重大影响。事实上，过去几十年的政策差异已经使一些国家走上了提高生活质量的道路。对 1971 年正式独立的孟加拉国和巴基斯坦进行比较发现，政策投资可以在人口转变以及转型之后获得人口红利方面发挥作用。从 1975 年到 1980 年，孟加拉国和巴基斯坦的总和生育率几乎相同，都是 6.6。但是在独立后不久，孟加拉国便开始通过社区发放避孕药具，政府与孟加拉国国际腹泻病研究中心开展合作，并得到了美国国际开发署的资助。仅仅 30 年后，孟加拉国的总和生育率从独立时的 6.9 急剧下降到平均每个妇女生育不到 3 个小孩。从 2020 年到 2025 年，其总和生育率预计为 1.93，而巴基斯坦的总和生育率预计为 3.2。同样，孟加拉国的年龄中位数比巴基斯坦高出近 5 岁，出生时预期寿命也是如此。

这些是孟加拉国经济前景的好兆头。理查德·钦科塔和伊丽莎白·莱希·马德森开发的统计模型显示：到 2030 年，孟加拉国似乎有 50% 的概率达到世界银行定义的中上等收入水平（每年人均 4 000～12 000 美元）。他们评价说："这种前景的确令人印象深刻，但是 1971 年独立时，亨利·基辛格有个著名的评论，认为它的'经济形势令人绝望'。"现在，随着出口增加和创纪录的侨汇，孟加拉国的经济增长势头强劲，这有助于提升国内需求并减少进口。孟加拉国继续转型，从依赖农业转向制造业和服务业。出口呈增长趋势，尤其是来自中国的服装、农产品和药品订单日益增多。尽管 21 世纪初外国直接投资非常低，但是到 2015 年便高达 28 亿美元，2019 年为 19 亿美元。

孟加拉国仍然需要进行改革，世界银行建议调整金融部门，改善基础设施，提供商务便利。每年大约有200万人进入劳动力市场，因此孟加拉国需要更多人力资本投资。世界银行称，孟加拉国纺织业占比很大，而且依赖侨汇，但是需要投资培养工人的基本技能，这些工人应该拥有管理和技术专长。一方面，大学毕业生，尤其是女毕业生，很难找到工作，另一方面雇主却无法雇到高技术岗位人才——因为技能和需求明显不匹配。

与孟加拉国一样，巴基斯坦也在经济不平等和公民权利等国家脆弱性指标方面有所改善，但就人口红利潜力而言，基础却比孟加拉国更为薄弱。巴基斯坦不仅生育率要高得多，而且在2017年（现有数据截至这一年）15～24岁的女性中只有67.5%的人识字，同年孟加拉国的这一比例为94%，2019年达到96%。孟加拉国的机会之窗最近才开启，直到接近21世纪中期才有可能关闭（取决于生育率继续下降的速度），所以在未来几十年，孟加拉国非常值得关注。巴基斯坦的机会之窗要到2035年左右才会开启，因此未来几十年是它走上正确轨道的关键。

埃塞俄比亚在人口转变方面没有孟加拉国或巴基斯坦走得那么远，但是一直在为获得潜在的人口红利做准备。它的预期寿命在上升，生育率在下降，经济在增长。埃塞俄比亚投资的一个重要领域是教育：建造了更多学校，提高了入学率。埃塞俄比亚几乎消除了识字率方面的性别差距，这也导致生育率下降，使妇女能够在家庭之外工作，并增加了妇女获得小额商业贷款的机会。

2017年，15～24岁的女性中近72%能读书写字。虽然埃塞俄比亚仍然需要努力提高教育完成率，但是它已经在朝着正确的方向前进。埃塞俄比亚投资的第二个重要领域是健康。埃塞俄比亚降低了婴儿和儿童死亡率，是加快人口转变的第一步——5岁以下儿童的死亡率比2000年减少了一半还多。成人死亡率总体上有所改善，但埃塞俄比亚在降低孕产妇死亡率方面仍有很长的路要走。鉴于母亲在家庭中的重要作用，埃塞俄比亚努力扭转这一趋势将是明智之举。尽管有所下降，但是埃塞俄比亚的生育率仍然接近每个妇女生育4个孩子，而且它直到21世纪中叶才有望打开机会之窗，但是它现在所做的不仅会加速生育率在短期和中期内下降，而且也在为获得人口红利做长远准备。

* * *

孟加拉国和埃塞俄比亚采取的各种广泛性政策，告诉人们如何创造条件获得人口红利。当人口结构与宏观经济政策、教育举措等协调一致时，国家才会受益。但是，如果人口和经济发生冲突，劳动力市场和可用劳动力无法匹配，又会发生什么呢？

在人口高速增长的国家，资源太少显然会带来灾难，但是即使自然资源丰富，人口高速增长也会出现问题。自然资源开采可以获利，可以完全围绕自然资源搭建经济结构，却无法利用国家的另一种主要资源：劳动力。开采自然资源的费用通常很低，特别是在与富裕国家相比经济欠发达、一切都很"廉价"的国家。

波斯湾周边石油储量丰富的国家以这种模式而闻名。它们收取石油资源租金，由此成为食利国，在本质上依靠的是不劳而获的财富。多余的财富可以用来代替征税，还可以用来支付政府雇员的工资。

沙特阿拉伯曾经承诺给每个想在政府工作的年轻人提供一个岗位。但是，在出现了更多年轻人后，这种模式便丧失了效力，只持续了一段时间。因此，这种模式只有在收入增长超过人口增长的情况下才是可持续的。在沙特阿拉伯，这一时期已经过去。1980年，沙特阿拉伯人口不足1 000万，但到2000年超过了2 000万，2020年则达到3 480万。它还面临人口结构问题：很大一部分劳动年龄人口都是外国人，其中包括来自印度和菲律宾等国家的石油工人，情况与海湾其他国家类似，政府不用向民众征税，而是把石油收入用于各种开支。多年来，沙特阿拉伯政府一直通过邀请外国劳动力弥补工程师、医生等本国技术劳动力的不足，或者让这些工人做沙特人不愿做的建筑等工作，而沙特人则就职于公共部门，那里提供了大量靠石油收入支撑的工作岗位，可以避免失业。事实上，私营部门90%的员工都是外国人，而且大多数是男性，如图6-1所示。

这种依赖石油收入和外国劳动力的经济结构与沙特阿拉伯的人口现状越来越不匹配，而且很容易受到经济冲击的影响，比如2014年以后油价暴跌。尽管沙特阿拉伯在过去10年出现了更多20~29岁的人口，他们的数量在2015—2020年间达到顶峰，之

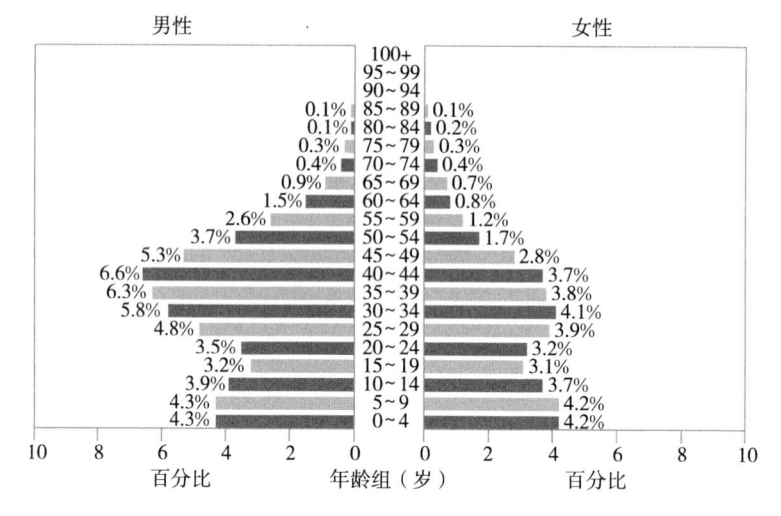

```
                    男性              100+              女性
                                     95~99
                                     90~94
                           0.1% ▌ 85~89 ▌ 0.1%
                           0.1% ▌ 80~84 ▌ 0.2%
                           0.3% ▌ 75~79 ▌ 0.3%
                           0.4% ▌ 70~74 ▌ 0.4%
                           0.9% ▌ 65~69 ▌ 0.7%
                           1.5% ▌ 60~64 ▌ 0.8%
                      2.6% ▌ 55~59 ▌ 1.2%
                      3.7% ▌ 50~54 ▌ 1.7%
                 5.3% ▌ 45~49 ▌ 2.8%
              6.6% ▌ 40~44 ▌ 3.7%
              6.3% ▌ 35~39 ▌ 3.8%
              5.8% ▌ 30~34 ▌ 4.1%
                4.8% ▌ 25~29 ▌ 3.9%
                   3.5% ▌ 20~24 ▌ 3.2%
                   3.2% ▌ 15~19 ▌ 3.1%
                 3.9% ▌ 10~14 ▌ 3.7%
               4.3% ▌ 5~9 ▌ 4.2%
               4.3% ▌ 0~4 ▌ 4.2%
              10 8 6 4 2 0 2 4 6 8 10
                百分比    年龄组（岁）   百分比
```

图 6-1　2021 年沙特阿拉伯的人口金字塔

后开始下降（追平了之前的生育率下降幅度），但是在 2020 年，仍然高达 535 万。从 2000 年到 2030 年，沙特阿拉伯的人口将增加近一倍，从 2 060 万增加到 3 930 万。2010 年，沙特阿拉伯国家石油公司首席执行官说，国家如果想为青年群体提供足够的高薪岗位，未来 10 年的经济增速必须达到每年约 8% 的速度，而不是一直保持在 3%～5%。在过去 20 年里，沙特阿拉伯的人均 GDP 增长率很少超过总人口增长率，而且经济指标经常是负指标。

沙特政府似乎终于认识到本国战略的不可持续性。自 2011 年以来，它已经开始了劳动力的"沙特阿拉伯化"，特别是在私营部门，但是引进外国劳动力的最初原因——沙特人不愿意做某些卑微的工作和技能短缺——仍然存在。据估计，15～24 岁的青年失业率仍为 28.6%，但是尼特族（不就业、不上学、不接受培训的青年）的失业率从2011年的20.6%下降到2020年的16.1%左右。巴林战略、国际和能源研究中心的研究主任奥马尔·乌拜德利说，沙特政府把年轻人失业视为"社会不稳定的根源，也是极端主义的发源地"。

与沙特阿拉伯一样，当今许多年轻国家也面临着雇佣日益扩大的青年群体的压力，它们的经济结构无法创造足够多的就业机会。与以制造业和工业为基础的经济相比，以自然资源为基础的产业劳动密集程度低。这种基于自然资源的经济也依赖卖出全球高价，积累资金用于投资。在以石油为基础的经济体，收入必须用来支付公共部门工资，几乎没有剩余资金用于投资。像沙特阿拉伯一样，尼日利亚、苏丹、南苏丹和伊拉克在未来几十年仍将是容易受石油价格波动冲击的年轻国家。

有了领导能力和远见卓识，这些年轻的国家可以促进经济多样化，确保资源和利润惠及更多公民。虽然艾滋病仍然在博茨瓦纳这个非洲国家肆虐，但是它盛产钻石，并成功地将自然资源利润用于教育、基础设施和医疗保健，借此跻身中等收入国家行列。这一成就为博茨瓦纳赢得了世界赞誉。博茨瓦纳正处于机会之窗的最佳时期，到2030年，其年龄中位数将超过26岁。由于在青年人口占多数时期的远见卓识，博茨瓦纳领导人已经做好准备获得更多潜在的人口红利。

通过上述例子，可知年龄结构对经济增长的重要性，但是受益肯定不会自动发生。经济增长与人口分布的关系，特别是城市和农村人口的比例非常复杂。从理论上讲，城市地区能提供教育、保健等更多基本服务，甚至提供超出创造富裕生活的基本必需品之外的东西，比如艺术和娱乐。城市化可以降低交易成本，使基础设施和服务的公共投资物有所值，甚至还能促进思想交流。相对其人口而言，城市可谓拥有巨大的经济影响力。在欧洲，二线城市创造了欧盟40%的GDP，但是人口却只占15%。

实际上，城市化有时并不能带来这些好处。联合国称："今天，全球估计有16亿人住房匮乏，其中10亿人生活在贫民窟和非正式定居点。这意味着大约四分之一的城市居民生活在影响健康、安全、繁荣和机会的环境中。"这16亿人中的大多数都在发展中国家，但是如果将这一统计数据分开来看，全球贫富差距的情况就更加令人沮丧。超过60%的非洲城市人口缺乏清洁用水或卫生设施，而且生活条件也存在变数——这里既指他们的房屋摇摇欲坠，也指他们随时会失去居住权。

城市化导致贫民窟增加，其中的一个原因是高房价。相对于人均GDP，非洲的食品、住房和交通成本比其他地区高出55%。这种情况并非只见于非洲的城市。印度孟买的房租收入占比为6.8%，高于纽约的4.1%。麦肯锡咨询公司估计，如果这种趋势持续到2025年，又会增加1.1亿生活在不达标住房中的城市居民，或者住房花费太多，从而减少医疗保健等重要支出。

我们很难针对城市化和生活质量得出明确的结论。孟加拉国首都达卡的婴儿死亡率低于全国水平，但肯尼亚农村的穷人却比城市的穷人更健康。经济学家爱德华·格莱泽认为，城市的贫民窟很糟糕，但是农村的贫困更糟糕。托马斯·博伊基反驳道："达卡因交通拥堵每天消耗 320 万个工作小时，这降低了基础设施的效用，会阻碍投资，压低工资。"我们如果考虑生活质量，就无法立刻断定在贫穷的城市生活会比在农场好很多。

如果事实证明城市化会产生正面效应，那么有些地区没有实现城市化或者没有像以前的地区那样实现城市化就让人费解了。世界各地的城市化速度差异很大，对经济增长和生活质量的影响也各不相同。在短短 65 年里，东亚城市人口增长了 2 倍多，占地从 18% 上升到 2015 年的 60%。在率先实现城市化的较发达地区，从 1875 年到 1955 年，同样的增长幅度用了 80 年时间。然而，一些地区的城市化进程却更为缓慢。城市化程度最低的国家之所以如此，是因为工业化程度低、过度依赖自给农业、土地政策落后、缺乏城市发展战略、殖民政策的遗留问题阻碍了农村人口向城市迁移、缺乏城市化的政治意愿以及依赖自然资源等。

下面不妨对埃塞俄比亚、印度和巴西进行比较。如图 6-2 所示，印度的城市化速度要比巴西慢得多。但是，由于数据问题，我无法全面了解印度的城市化情况——印度在将一些农村地区重新划分为城市地区方面进展缓慢，因此更要考虑人口数量背后的因素。2020 年巴西的城镇化率基本达到 87%，而印度

城镇化率: ■ 埃塞俄比亚　■ 印度　■ 巴西
城市人口占比: ---- 埃塞俄比亚　—— 印度　—— 巴西

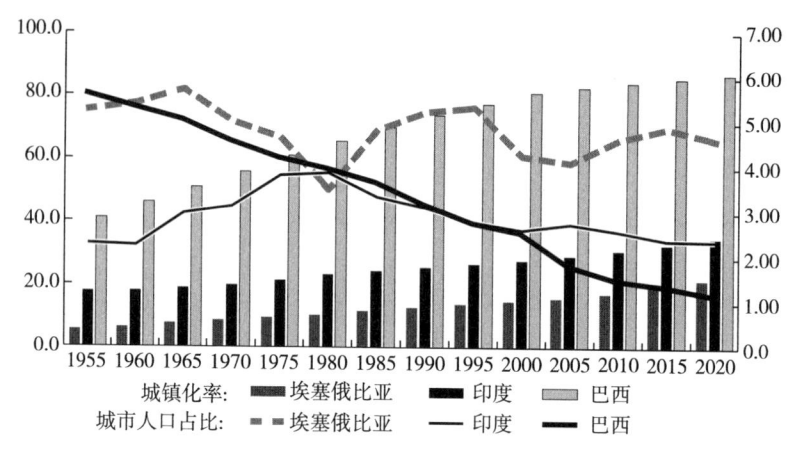

图6-2　埃塞俄比亚、印度和巴西的城镇化率和城市人口占比

2020年的城镇化率低于巴西1955年的城镇化率。埃塞俄比亚的整体城市化水平仍然很低，但是比1955年高了4倍，过去70年里它的城镇化率一直在3.5%以上。2019年，印度人均GDP只有2 099美元，而巴西却高达8 717美元。埃塞俄比亚的人均GDP仅为855美元，这一点我们从其低水平的城市化就可以预见，但是这比2000年的124美元已经有所上升。

非洲是全球城市化程度最低的地区，城镇化率仅为43%。迄今为止，撒哈拉以南非洲地区的城市化速度比发达国家快，就像拉丁美洲和加勒比地区、东亚和西亚的情况一样。然而，北非和亚洲中南部的城市化进程比发达国家要慢。一方面，指出非洲缺乏城市化，是延续了几个世纪以来非洲大陆"落后"的说法，帝国主义和资本主义就会趁机以发展的名义掠夺土地和人民。另一方面，看到非洲城市化水平低，就是看到了积极促进发展的机会。

我们倾向于认为城市是随着国家工业化和人口迁移发展起来的。这里的迁移是指人们从以农业为主的地区，迁移到提供制造业等工作岗位的城市。但是许多学者指出，今天的城市化看起来与过去并不一样，因为无重要工业的国家城市化也在发展。历史上，欧洲是世界上率先实现城市化的主要地区。生产能力和机械化的不断进步，最早推动了与工业化同步的城市化浪潮。高生育率意味着即使需求下降，农村地区也会出现劳动力过剩。城市能提供与制造业相关的就业机会是非常有吸引力的，哪怕新居民到来后，生活并不总是阳光灿烂（更有可能遭遇天花和鼠疫）。然而，近期发展起来的城市是先进行城市化，然后再解决就业问题，最后进行基础设施建设。西方的城市过去是因为工作吸引人，现在低收入国家的许多人正在向城市转移，却发现城市没有工作机会。例如，非洲经济体的制造业规模要小很多。正如雷米·杰德瓦布在2012年世界银行的一份研究报告中所说："2007年，非洲工业和服务业所占的就业比例分别为10%和26%，亚洲分别为24%和35%，非洲工业和服务业的劳动生产率仅为亚洲的1/1.7和1/3.5。"

道格拉斯·戈兰、雷米·杰德瓦布和迪特里希·福尔拉特研究了1960—2010年的城市化模式后发现，在那些严重依赖自然资源出口的国家，城市化倾向于采取他们所谓的"消费城市"的形式，这些城市的经济主要基于不可贸易型服务，加纳和科特迪瓦的消费城市就属于这种情况。然而，在没有大量自然资源的国家，城市化以"生产城市"的形式出现，这些城市有更多的劳动力从事金融等可贸易型服务或者进入制造业以及其他工业部门。问题在于，消费城市生活在贫民窟的人更多，贫困率更高，这些城市并非富裕的商业区。上述学者的研究发现有助于解释非洲的城市化进程，非洲的不可贸易型制造业促进了城市化，但并未促进增长或发展。这些城市无法进入全球市场，因为它们的经济大多是不可贸易型的本地化制造业，制造的产品是为了满足当地市场，而不是用于国际贸易。城市化和工业化不再是同义词。从历史上看，城市化通常是由工业革命或绿色革命推动的，前者将劳动力吸引到城市地区，后者通过增加产量释放劳动力用于其他目的，并将他们推向城市。然而，非洲出现城市化的时候，却没有发生任何一种结构转变。于是，资源诅咒延伸到了城市化领域——城市化推动经济增长并非自然发生，而是取决于城市的类型。

一些地区的情况要好一些，另一些地区则差一些。正像世界银行研究人员指出的那样，拉丁美洲和亚洲尽管仍在应对贫民窟问题，却拥有更多资本投资，对世界更加开放。针对城市化弊端，跟踪城市化的许多投资公司和其他私营企业参与者自然会提出基于市场的解决方案。这些方案包括：确保土地可以出售给开发商，通过异地组装一些部件降低建设成本，为购买商和开发商降低融资成本。然而，只要这些政策会加剧不平等，导致更多不满，这些城市就可能顾此失彼，问题不断。

* * *

人口统计会对社会产生结构性影响，到目前为止，我们在本章已经讨论了国家内部的年龄构成和人口分布，以及它们与经济增长和提高生活质量的关系。全球人口分布也非常重要，因为人口流动既能减轻劳动力过剩的压力，又能以汇款的形式带来收入。

富足起来的移民可以为母国的家人提供重要的收入来源，拉动国内消费。印度、墨西哥和菲律宾是2019年最大的侨汇接收国。2013年，印度收到的侨汇几乎是外国公司投资的3倍。全球侨汇的绝大部分——71%流向了中等收入国家，而世界上最贫穷的国家在2013年只收到了6%的侨汇。这些货币流动并不令人意外，因为低收入国家的公民负担不起移民费用。然而，与中等收入国家相比，侨汇作为收入来源对低收入国家要重要得多——占前者总收入的2%，占后者总收入的8%。我们经常对印度和中国进行比较，2019年印度收到超过830亿美元的侨汇，而中国只收到180亿美元。这830亿美元几乎是印度GDP的3%，但只占中国GDP的0.1%。

侨汇是极其重要的国家收入来源，因此世界银行将其纳入信用衡量之中，强调人口自由流动对低收入国家的重要性。塔吉克斯坦的侨汇在2008年和2013年达到峰值，约占GDP的44%，但是在经济危机导致劳动力市场萎缩后，侨汇数额在这两个年份之后都有所下降。2019年,侨汇占GDP的比例下降至不足29%。这看似是好消息,但是下降并非因为塔吉克斯坦的经济开始多样化发展,而是因为从2014年起俄罗斯出现了经济问题。对塔吉克斯坦来说,侨汇减少导致"增长萎缩(从2013年的7.4%降至2015年的4.2%)、减贫进程放缓以及银行业内部的流动性危机"。为了说明为什么不能只看孤立的数据,我们可以把塔吉克斯坦的情况跟孟加拉国对比一下。2019年,寄往孟加拉国的侨汇为183亿美元,随着时间的推移呈上升趋势。不过,这些侨汇仅占GDP的6%,低于2012年的10.5%,这意味着尽管侨汇实际数额有所增加,但是它们在孟加拉国经济中所占比例有所下降,这是一种实力增强的象征。

对于贫穷国家的家庭来说,侨汇可能是生死攸关的大事。海外的索马里人每年向国内汇款13亿美元,这一金额超过了人道主义和发展援助,帮助索马里家庭购买食品和药品。在全球范围内,几十年来侨汇一直在稳步上升(2009年由于全球金融危机小幅下降),到2013年达到5 000亿美元,2019年达到6 530亿美元。只要出现危机,比如新冠肺炎疫情,我们就应该料到经济会大幅下滑,这清楚地表明多样化经济才是最具有韧性的。

移民给菲律宾等国带来了可观的利益,但是移民出国也可能对人力资本造成巨大消耗,从而对国家经济产生重大影响。在新大陆殖民初期,大量英国移民前往北美地区,迫使英国议会在1718年宣布熟练工匠移民非法。移民产生的影响持续时间很长，19世纪和20世纪爱尔兰的大规模移民就是如此。在这次移民潮中，爱尔兰的年轻人，主要是年轻男性，开始移民到美国，在整个19世纪初期人数不断增加：1821年每年约13 000人，1843年增加到约93 000人。1845—1849年的爱尔兰饥荒使人数翻了一番。爱尔兰人口刚开始时少量迁出，最终大量流失：1891年，爱尔兰的出生人口中有39%生活在国外。从1841年到1951年，爱尔兰的人口减少了一半，时至今日仍未恢复，爱尔兰现在的人口仍然比饥荒前的高峰期少了三分之一。

当然，本书是关于人口的，因此我对人口和经济学的许多讨论都是关于劳动力的，但是有技术头脑的读者可能会想劳动力在未来劳动大军中占什么地位。人们普遍担心自动化将取代劳动力，许多人称之为"第四次工业革命"。事实证明，这种担忧从最初的工业革命就开始存在了，技术、劳动力和经济之间的关系仍然有待商榷。

* * *

那位牧师环视了一下城镇广场：到处都是爬来爬去的婴儿。衣衫褴褛的母亲追赶着天性好动的小孩子，还有三四个顽童像蚂蚁一样跟在她后面。如果情形照此发展下去，人类再存活几十年似乎都不可能。鉴于人口的增长速度，人类的末日肯定为期不远。毕竟，牧师知道有两件事是确凿无疑的：人们需要食物，人们需要性。

第六章 马尔萨斯和马克思

那是1798年，这位牧师便是英国政治经济学家托马斯·罗伯特·马尔萨斯。在马尔萨斯看来，只有移民、饥荒或瘟疫才能抑制人口增长——人类对性和生育的需求过于强烈。他的中心论点很简单：人口呈几何级数增长，但粮食产量只是算术级数增长，因此最终（他认为迟早）人口增长将超过土地的供应能力。马尔萨斯的思想立刻在英国统治阶级中流行起来，他们和马尔萨斯一样，认为英国的《济贫法》是巨大的失败。批评人士说，尽管该法案旨在减轻贫困，实际上却通过激励雇主削减工资加剧了贫困。1834年，《济贫法修正案》进行了改革，要求被救济者通过"济贫院制度"寻求救济——体格健全的人都将抛弃手艺和农场，加入英国工业化体系中。

对于社会学家而言，19世纪中期的英国就是最好的实验室，可以同时考察城市化、工业化、年轻型人口年龄结构和死亡率下降等现象。正由于此，当马克思1849年从巴黎前往英国时，他的所见所闻证实了自己关于资本主义、国家和工人阶级的理论。他在观察这个伟大的工业体系时，更强烈地认识到工人阶级的命运不是自己造成的。马尔萨斯的观点尽管仍然新颖，在精英中很受欢迎，但它是错误的。马克思批评改革后的《济贫法修正案》忽视了工业资本主义造成的人口迁移。他认为这些法律将马尔萨斯的理论与"资产阶级个人主义和道德观念"结合起来，即英国家庭需要减少生育，避免入不敷出。本质上，《济贫法修正案》认为是再生产导致人们贫穷，而不是罪恶的工业资本主义导致人们贫穷。

这场早期关于人口和经济的辩论始于几个世纪前，本质上在探讨哪个著名思想家的观点是正确的。马尔萨斯和马克思的视角仍然有助于理解城市化、工业化、年轻型人口年龄结构（以及日益老龄化的年龄结构）和死亡率降低如何影响经济表现和个人财富。

和经济学家亚当·斯密（他认为市场是一只"看不见的手"）一样，马克思嘲笑马尔萨斯的理论过于简单，认为人类的智慧和技术等其他因素可以阻止马尔萨斯预见的大规模毁灭。今天，许多人担心自动化会取代工人，这也正是19世纪中期马克思对棉纺织业取代手工纺织工人的观察和讨论。

以自然资源为基础的经济体很难雇佣大量的青年人，同样，自动化也会减少大量就业机会。马克思观察到的结果之一就是，自动化创造了工业剩余劳动力。工业资本主义通过自动化提高生产率取代了工人，这样公司就可以使用更少的工人生产更多的产品。技术面前人人平等。截至2013年，世界银行和非洲开发银行报告称，非洲有6.5亿手机用户，比美国或欧洲的用户还要多。

即使没有可靠的道路、电力或固定电话等传统基础设施，移动接入也能促进经济增长。事实上，上述银行还报告说，在一些非洲国家，"拥有手机的人比拥有干净的饮用水、银行账户或电的人还要多"。

但是，科技也有不为人知的一面，那就是发达国家和发展中国家越来越多地使用自动化取代劳动力。在成年型人口年龄结构的国家，为迅速增长的劳动力提供工作机会早就是一种挑战。通过劳动密集型制造业和工业化劳动，东亚经济体实现了飞速增长。现在，新兴经济体很难复制这条发展之路——即使它们获得相似的工业红利，制造业也不尽相同。特别是在南亚和非洲，制造业在经济中所占的份额并不多。

人工智能的使用、落后的基础设施和不断变化的消费者需求，意味着经济体不能再指望通过建设强大的制造业来摆脱贫困。机器人的使用正在爆炸式增长，甚至在印度和中国也减少了对制造业劳动力的需求。国际机器人联合会报告称："自 2010 年以来，由于自动化的持续发展和工业机器人技术的不断创新，对工业机器人的需求大幅上升。从 2014 年到 2019 年，年装机容量平均每年增长 11%。"目前亚洲的市场全球最大，遥遥领先。亚洲经济体也需要为未来发展制定新的路线。一些人认为非洲的发展道路不能依赖制造业。经济学家达尼·罗德里克把这个复杂的问题称为"过早限制工业化"。这对工薪族来说意味着什么呢？尽管东南亚和非洲拥有丰富的劳动力资源，但是那些每天挣 10～20 美元的人，即实际上的中产阶级，却几乎没有什么发展。

* * *

21 世纪伊始，发达的老龄化国家和欠发达的年轻型人口年龄结构的国家之间已经出现了鸿沟。整个亚洲经济实现了巨幅增长，巴西、南非等其他地区的几个国家也是如此，这在一定程度上归因于人口优势以及利用这些优势的政策。这些人口优势指的是高比例的劳动年龄人口。单单依靠人口优势是不够的，我们有理由相信这些国家的确是比较幸运的，但是对今天寻求发展的国家而言，这种幸运是可遇而不可求的。劳动密集型制造业的前景尤其不稳定。

我们可以利用人口转变探寻一个基本可预测的路径，人口年龄结构将沿着这条路径从年轻型转向老年型。当然，这些年龄结构变化的速度和强度在世界各不相同，这要取决于人口转变的速度。中国的年龄中位数在短短 30 年间（1970—2000 年）从 19 岁上升到了 30 岁。相比之下，印度人口转变的步伐以及年龄中位数的增长则缓慢得多。但是可以肯定，一个早已进入人口转变阶段、年龄中位数不断上升的国家终有一天会变"老"。这种确定无疑的趋势意味着决策者和企业仿佛拥有一颗占卜用的水晶球，借此可以预测一个国家未来将面临什么样的人口压力。

东亚和拉丁美洲的证据表明，人口红利不是自动产生的，需要在初期打好基础。特别是东亚国家，在教育和人力资本方面进行了投资，积极推动经济转型，不再以农业为主，获得的红利超过了拉丁美洲国家，因为拉丁美洲国家在这些领域投资不足。这两个地区不同的经历表明，具有成年型人口年龄结构的国家必须对人口进行投资，以便从中受益。对于目前开启机会之窗的那些国家来说，预测比较复杂。印度的识字率很低，就发展而言，一些地区远远落后于其他地区。中东和北非的国家需要自我调整，充分发挥抚养比优势，但迄今为止它们的劳动力市场还没有得到充分开发，而且人口技能和提供的工作种类也不匹配。

一个国家拥有相对庞大的劳动力和相对较少的受抚养人，这是一种优势，但是制定可持续的养老金和退休政策的时机已经成熟。与即将获得大量福利的人相比，相对年轻的人口更有可能进行公共开支紧缩改革。一个国家只有积极利用人口资源，才能从人口红利中获益。灵活运作劳动力市场、投资卫生和教育、努力实现性别平等等政策有助于提供条件，收获人口红利。

例如，伊朗的年龄中位数到2025年将达到34岁，它需要改革不可持续的现收现付的福利体系，这种体系在更多人达到退休年龄之前就已经出现了问题。尽管伊朗女性的受教育水平很高，但是只有17%左右加入了劳动大军。

与年龄结构一样，城市化对经济增长的贡献也不是自然发生的。存在两种本质不同的城市化：一种发生在自然资源丰富的环境，另一种发生在城市人口围绕富裕的工业地区扩张发展的环境。城市之间的互联互通似乎和城市本身一样重要。巨型城市区域，如中国的香港—深圳—广州超大规模城市群和巴西的圣保罗—里约热内卢超大规模城市群，占世界经济活动的66%，带来了85%的科技创新。然而，用世界银行的话说，非洲的城市"拥挤不堪、互不相连、花费高昂"。气候变化是另一个挑战。2018年，麦肯锡公司发布一份报告将目前近 1 700 个城市列为在食物、能源或水资源方面面临长期压力的城市，还有 951 个城市面临严重的干旱、洪水、风暴等环境压力。拉各斯、马尼拉等城市是推动本国经济增长的主要力量，但预计它们将面临气候变化带来的巨大压力。

＊　＊　＊

非洲联盟将 2017 年命名为人口红利之年，但是一些人口学家和经济学家担心，过早地使用人口红利的措辞可能会导致我们忽视严重的制度、结构和人口问题。非洲的经济问题远比劳动力问题重要。非洲青年人（15～24 岁）的失业率是成年人的 2 倍，斯威士兰的失业青年占比达到 43%，南非的失业青年超过 50%。非洲增长最快的经济体正在经历"无就业增长"，无法安置庞大的年轻群体就业。在撒哈拉以南非洲地区，从 2015 年至 2020 年，平均每年新增劳动力 3%，从 2020 年至 2025 年，预计每年增长 2.9%。即使生育率继续下降，未来也会有大量人口进入劳动力市场，因为他们出生在生育率相对较高的时期。非正式部门的增长和缺乏有意义的工作也是问题。学者克里斯托弗·克莱默对那些旨在提供就业但不考虑工作性质的政策提出了警告。克莱默将年轻人暴力行为的动机与猖獗的"侮辱性和剥削性就业"联系起来，认为这与失业一样都是触发不满情绪的诱因。基于类似的研究，世界银行得出结论认为："旨在掠夺非洲劳动力资源的政策方针很可能会引发更多问题，而不是提供解决方案。"

非洲大多数国家的机会之窗尚未开启，但是我们可以花点时间来认识一个问题，即机会之窗关闭对目前处于机会之窗的国家意味着什么。低生育率和低死亡率会产生正在迈向"老龄化"的国家。任何"红利"只有在人口转变之后才会出现，但窗口最终会关闭。在人口转变期间，生育率和死亡率下降后出现成年型人口年龄结构，其中劳动年龄人口骤增。这种年轻型和成年型人口年龄结构之间的过渡可能会持续几年，或者几十年，这取决于各国生育率下降的速度。鉴于生育率在不断下降，埃塞俄比亚等国家应趁机建立可持续的养老金体系，为最终的人口老龄化做准备。

现在世界人口已经达到80亿，其中许多人生活在机会之窗开启的国家，这些国家的人口处于成年型人口年龄结构，但正如第二章所提到的，这些国家正在迈入"老龄化国家俱乐部"。不久，许多国家的机会之窗将永远关闭。就地区而言，中亚、南亚和中美洲处于成年型人口年龄结构较年轻的一端。中等偏上收入水平的国家——这一类别包括墨西哥、古巴、哥斯达黎加和土耳其，通常处于成年型人口年龄结构的上端。这一过渡期非常短暂，比如拉丁美洲和加勒比地区，到2035年它们的人口将从成年型人口年龄结构过渡到中老年人口年龄结构。人口红利期一旦过去会发生什么，在老龄化一章已经讲得非常清楚。机会之窗是会关闭的。

第七章

全球人口的未来

　　人口统计是了解过去的一扇窗，它可以帮助我们理解政治、社会和经济转型，看清它们的转型模式；人口统计也是我们了解未来的一扇窗，它对于全面了解未来世界至关重要。随着我们从新冠肺炎疫情和气候变化中解脱出来，人口问题可能会成为更多政策对话的内容，而且会得到公共部门和私营部门的更多关注。但是正如我们所了解到的，仅仅从表面看待人口数据并据此进行推断，并非使用人口数据的最佳方法。因此，我们必须考察一个社会强化或削弱人口趋势的力量，其中便包括政治制度，例如选举制度和政党制度。我们还需要仔细研究人口趋势本身。虽然全球拥有80亿不同的人口，但是人口趋势往往遵循可预测的模式，这有助于我们认识全球战略环境。死亡率下降，生育率通常也会下降。随着生育率下降，人口的年龄中位数会上升，年轻人、中年人和老年人的比例也会发生变化。如果投资恰到好处，在人口老龄化问题上，索马里有朝一日可能会感到幸运，这就像中国和伊朗以及近些年生育率还比较高的其他国家一样。如果人口动态偏离预期模式，我们就有机会深入了解人口变化的原因和影响。那么，我们如何才能对人口的发展趋势做出可靠预测呢？我们应该如何利用人口统计更全面地认识未来呢？

当我们考虑如何利用人口统计数据做出准确或成功的预测时，我们可以从超级预测家菲利普·泰洛克那里得到一条建议。泰洛克认为，这个预测过程应该是从外向内，而不是由内而外。他经常使用的一个例子是预测一对夫妇离婚的可能性。设想你去参加婚宴，旁边的人一边吃蛋糕一边问你认为这对新婚夫妇离婚的可能性有多大。如果由内而外进行预测，你会考虑这对新人刚刚立下的誓言、彼此相爱的表白以及舞池中的亲昵程度。也许你会回答："哦，只有5%的可能性。"这样的预测非常令人满意，但是如果你敢打赌，你可能会输。

如果从外向内进行预测，首先要看看这对夫妇所属社会的平均离婚率，也许是40%左右，然后再转向"内部"因素：他们彼此认识或相处了多久、他们争吵的频率是多少、他们如何解决分歧、他们有多少一致的生活目标等。在此基础上，你会把预测的离婚可能性调高或调低。而且，泰洛克提醒说，你应该经常更新自己的预测，因为那些"内部"因素会发生变化。

这与人口统计有什么关系呢？当然有，人口统计数据是我们拥有的最好的"外部"预测指标之一。了解人口趋势及其意义，是认识和平或暴力、民主或镇压、富足或贫困等更大的趋势如何在全球发挥作用的重要起点。人口是每个社会的基础，是我们预测未来的最佳水晶球，因此往往对未来的评估至关重要。

但是，人口趋势并非终极目标。或者，用该领域常用的方式来表达，"人口并非命运"。历史背景、地理、社会动态等"内部"因素，都会导致我们的预测沿着基线上升或下降。我们一次只侧重一种动态，比如生育率，但是一个社会在任何时间点都不可能只存在一种人口趋势。就拿一个国家来说，某个特定民族或收入群体的一些女性会生育很多小孩，但其他女性可能一个也不生。具有一定教育水平的人正在从农村向城市迁移，而另一些人则因为冲突离开故土，前往异国他乡。

政策也可以改变人口趋势的轨迹。末日预言家保罗·R.艾里奇于1968年出版《人口爆炸》一书。他追随马尔萨斯的脚步，提出了人类正在自我繁殖直至灭绝的观点。由于担心全球人口将超过地球的承载能力，他提倡严格的节制生育措施，甚至想过采取胁迫手段。然而，我们活到今天，饥荒死亡人数只占艾里奇所处时代的一小部分。艾里奇有足够的时间收回预言，但他和其他人看到了预言的警示意义——这些警告并未成为现实，只是引起了人们对世界许多地区贫困和饥荒的关注（当然，这种关注有时会侵犯人权）。艾里奇预测得不准确，所以有些人便对他不屑一顾，但是这些人没有抓住要点。预测并非预测未来，预测会推动当下的投资。换句话说，当你研究一系列的人口趋势时，就会明

第七章 全球人口的未来　　181

白今天需要做哪些投资，以此塑造明天想要的未来。我们可以肯定，即使没有政策变化，世界人口也不会达到 300 亿左右，但是如果生育率没有下降，全球人口会增加多少呢？更重要的是，这么多人的生活质量会有多大不同呢？当艾里奇出版《人口爆炸》时，全球总和生育率为 4.93，平均每个妇女生育近 5 个孩子。难怪他和许多人会感到担心，尤其是那些投身到当时的环保运动中的人。25 年后，全球生育率降至每个妇女只生 3 个孩子，到 2020 年降到 2.47 个。在教育、医疗卫生基础设施和宏观经济方面，人们进行了多少政策性投资才使全球生育率比艾里奇时代减少了一半？问这样的问题比战胜艾里奇这个假想对手更为重要。

人口变化即使很小也会带来影响。本书出现的人口预测通常采用联合国的中等水平变量，因为这是大多数著作使用的标准，但是有时探索不同的预测，更全面地了解政策干预和其他变化如何改变未来的人口进程是十分有用的。为了对未来进行最准确的评估，我们需要充分考虑种种预测以及这些预测的影响。

让我们把不同的人口预测的概念应用到今天的尼日利亚。图 7-1 显示尼日利亚的年龄中位数在上升。联合国的高生育率情景预测，尼日利亚的总和生育率会从 2020 年的 5.42 下降到 2050 年的 4.06 和 2100 年的 2.76。按照这一趋势，尼日利亚的年龄中位数将在 21 世纪末上升到 28.6 岁。如果生育率下降得更快，

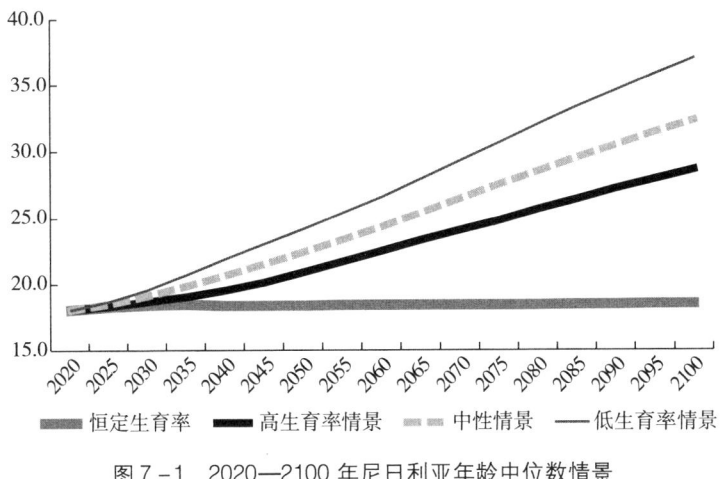

图 7-1　2020—2100 年尼日利亚年龄中位数情景

譬如在中性情景下，尼日利亚的年龄中位数将从 2020 年的 18 岁上升到 21 世纪中叶的 22.4 岁。如果在低生育率情景下，到 2050 年，年龄中位数将增加近 2 岁。

这些情景预测很有用，但不可能是仅有的路径——尼日利亚就可能会走一条完全不同的道路。实际上，在博茨瓦纳的路径中，总和生育率下降速度甚至比尼日利亚低生育率情景中的还要快。如图 7-2 所示，博茨瓦纳的总和生育率从 1965—1970 年平均每个妇女生育 6.7 个孩子下降到 21 世纪初的大约 3.5 个孩子。

1950 年博茨瓦纳的生育率高于尼日利亚，但是在联合国预测的高生育率情景下，尼日利亚要到 2090 年以后才能达到博茨瓦纳现在的生育率水平（2.89），在中性情景下要到 2065 年以后，即使是在低生育率情景下也要到 2050 年以后。

第七章　全球人口的未来　　183

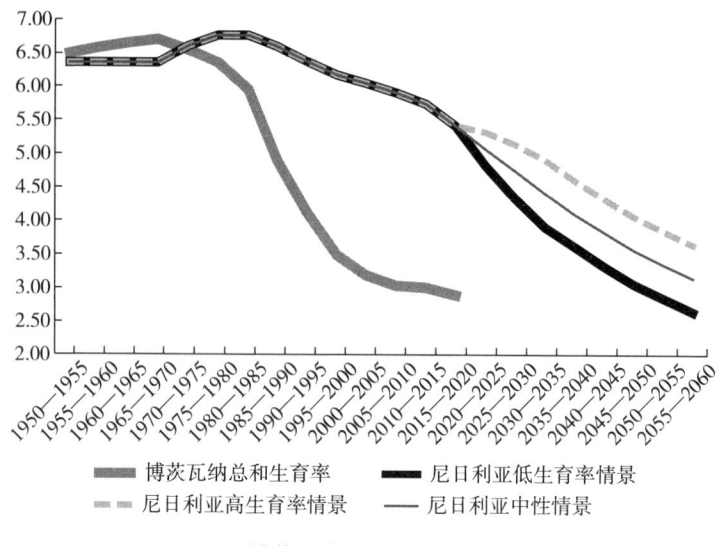

图 7-2 博茨瓦纳和尼日利亚生育率情景

我们从以上预测得出一个结论：如果用于某些规划的目的，应该谨慎使用 20 年以后的人口预测。生育率推动了本书谈到的许多人口变化，特别是经历了人口转变第一阶段的国家。但是新冠肺炎疫情导致超高死亡率，譬如在印度和美国出现了我们意料之外的人口统计"惊喜"。20 年仍然很漫长，不必感到惋惜，而且肯定比我们能够利用政治或经济预测的时间长很多。然而，即使预测最终并不准确，但是当我们试图理解今天的决定如何驱动明天的现实时，仔细研究长期预测仍然很有意义。使用人口预测数据的人都需要思考：生育率和死亡率的趋势与现在大致相同，这一说法可信度有多大？发生改变的可能性有多大？与媒体经常使用的中等水平变量相比，恒定生育率更能揭示在没有重大政策干预或社会转变时一个国家的人口结构状况，因此可以帮助我们认识短期政治经济决策对长期人口变化的重要性。高生育率社会需要投资，推动人口转变，当我就此向决策者提出建议时，恒定生育率的变化是证明我的观点的最有效方式。对恒定生育率和联合国低、中、高生育率而言，死亡率和迁移预测都是相同的，但是正如我们所看到的，这些预测也会发生变化。例如，美国总统乔·拜登在 2021 年 1 月就职后，南部边境被压制已久的需求开始暴增。从 2021 年 2 月到 3 月，美国海关和边境保护局遇到的试图沿西南边境进入美国的移民数量增加了 71%。这其中包括18 890名来自中美洲的无人陪伴的儿童，而当年 3 月份的数据是 2 月份的 2 倍。

* * *

未来的人口统计数据都会涉及对生育率、死亡率和移民的假设，认识到这一点是对这些数据的影响做出更准确预测的第一步。第二步是检验我们自己的假设，使用人口统计数据，可能经常会受到自己偏好的影响。心理学家称之为"期许偏误"，我们需要避免这一点。在分析人口统计数据时，不要让偏好影响自己的判断。

在与公司或决策者交谈时，我都试图说明一点：人口统计分析中最重要的技能是找出并认识自己的偏好，重新思考假设，并提出正确的问题。这包括我们作为分析师提出的假设。中国是世界上第一位"十亿人口富翁",有人批评它的人口增长和高生育率,认为这是巨大的弱点。现在又有人批评中国的人口老龄化和低生育率,认为这是一种不利的因素。这两种批评都是正确的吗?当然,当我们承认预言家常常会看到自己想看到的东西时,这两种互相矛盾的说法都是有道理的。不要让自己的目标驱动自己对人口统计趋势的诠释,这是我的强烈警告。如果中国或美国的竞争对手渴望在商业或军事力量方面获得胜利,于是让这种欲望左右了自己对中国或美国人口趋势的判断,那就大错特错了。

期许偏误也影响了对俄罗斯人口趋势的诠释。图 7-3 是我最喜欢的图表之一,因为它清楚地说明了人口评估会受到最近趋势的影响,而且这种情况极其危险。请注意图表中的两条垂直黑线。左边的黑线对应的是 2010 年。正如我在前面所提到的,在 2009 年和 2010 年前后,人们对俄罗斯的人口做出了许多可怕的预测,当时俄罗斯的人口急剧减少,整个国家明显在走下坡路。

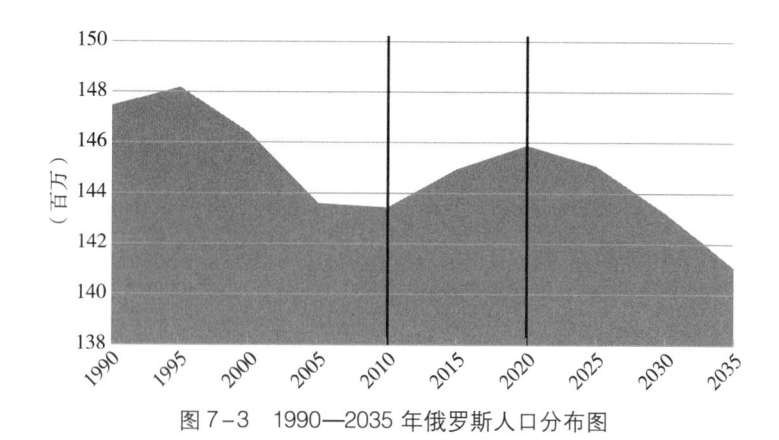

图 7-3　1990—2035 年俄罗斯人口分布图

但是接下来发生了什么呢？俄罗斯的生育率出现小幅回升，人口开始增长。不出所料，大量的新闻报道和政策分析开始谈论俄罗斯出生率突然奇迹般上扬的原因。当然，如果从右边的黑线（对应 2020 年）处抹掉右侧的数据，我们可能会预测俄罗斯的情况正在好转。但是，我们了解的情况始终是片面的。

我们不需要这些目光短浅的观点。我们需要全面掌握俄罗斯等国家的生育率趋势，明白它们的生育率从长远来看一直低于更替水平，多生育主义者的强势干预也只能小幅提高生育率，而且通常只是短期见效。俄罗斯如果不接收大量移民，就需要做好向低生育率、人口老龄化和人口减少永久转变的准备。

我们还需要不断更新自己的评估。我这么说并非只是为了让自己有事做（尽管定期更新可以保证本书将来会出新版），但是趋势是会改变的。毕竟，我们试图了解的是人类行为，不是机器人的行为。就生育率而言，美国几十年来的情况肯定是一种离群值，但是从人口统计来看，与其说美国、中国和俄罗斯的情况存在不同，倒不如说更为相似（见表 7-1）。如果你还没有更新自己的分析，仍然认为美国是离群值，你就落伍了。越来越多的美国人意识到美国的人口模式正在发生变化，马特·伊格莱西亚斯就是其中之一。甚至在 2020 年人口统计结果公布之前，他就提出美国需要大幅扩大移民规模，才能与中国保持人口同步增长。我们应该问的是，世界主要大国都在成为老龄化国家，对全球治理、全球和平和全球经济增长会产生什么影响呢？

表7-1 2020年美国、中国和俄罗斯的人口统计

2020年	俄罗斯	美国	中国
总人口（百万）	146	331	1 439
年龄中位数	37	38	38
总和生育率	1.82	1.6	1.7
人口预期寿命	70	80	77
劳动年龄人口	达到峰值	达到峰值	达到峰值
移民（百万）	12～13	45	净输出方

* * *

人口预测既有效用也有局限性，而且需要不断更新假设，那么在一个80亿人口的世界，我们能得出哪些有关人口统计的结论呢？我总结了6个要点，供大家进行人口分析时参考。

1. 人口规模很重要

无论科技有多先进，或者后现代化程度有多高，人口规模仍然很重要。最原始的原则就是规模越大越好。正如我们在老龄化那一章看到的，人口规模和年龄结构决定了潜在士兵的数量。不过这个问题在很大程度上看法是不一样的。

人类历史上组建的所有政治单位，以往总是凭借数量体现力量。数量减少就意味着衰弱。直到现代，政治经济学理论都支持这种看法。重商主义认为国家权力的关键是积累财富，但是它也把人的积累视为财富的主要来源。从根本上说，在考虑国家实力时，人力资本仍然是关键因素，特别是在军事和经济方面。一个社会的人口及其构成直接影响社会的其他

因素，因此也是不同群体审视自己相对于其他群体力量的重要标准。

2. 人们按照某种可预测的模式迁移

可以肯定的是，在未来几十年，随着冲突和经济危机的爆发，世界将继续经历移民"惊喜"。然而，到底什么样的情况会导致迁移仍是无法预测的。经济原因（并非经济危机）引发的移民更容易预测。资本主义的全球化意味着资本会流向更容易赚钱的地方，劳动力则会流向工资更高的地方。大多数移徙劳工都是从中等收入的小经济体前往高收入的大经济体——2019年三分之一的国际劳工生活在高收入国家，29%生活在中等收入国家。约旦、菲律宾等人均GDP 1万美元左右的国家，其迁移出境的人数是尼日尔等人均GDP仅为1 000美元的国家的2.5倍。随着有些国家向中低收入过渡，越来越多的人能够负担得起旅行，而且拥有旅行需要的技能和手段。国家进入高收入行列，即处于世界银行定义的人均GDP 1万～1.2万美元，迁移出境速度就会下降，因为此时国内通常都会有吸引人的就业机会。民意调查显示，撒哈拉以南非洲地区的人群移居国外的意愿非常强烈，但是该地区的许多国家收入水平太低，无法大批迁移。然而，随着收入的增加，移居国外的可能性会更大。

同样，随着发展水平的提高，人口出现老龄化，对劳动力的需求逐渐增加，于是跨越高收入门槛的国家开始吸引更多移民，其中包括劳动力迁移和冲突迁移。下面举一个冲突迁移的例子。

2020年，在墨西哥申请庇护的人数飙升，从2013年到2017年增长了11倍。2018年、2019年和2020年前三个月，为了逃离暴力冲突，申请庇护的中美洲人持续增加，这种趋势直到新冠肺炎疫情暴发后美国限制墨西哥人入境才停止。虽然历史上墨西哥一直是美国移民的来源国，但是随着收入的增长和人口老龄化，墨西哥本身也正在成为一个移民接收国。

3. 世界是城市化的

鉴于西半球和欧洲的城市人口已经饱和，未来城市增长将主要出现在亚洲和非洲。非洲城市的增长速度比过去快得多。从1800年到1910年，在工业化全盛时期，伦敦人口每年增长2%，这意味着伦敦的人口每35年翻一番。研究员格雷格·米尔斯称，相比之下，卢旺达基加利的人口在1950年至2010年以每年7%的速度增长，这意味着人口每10年就翻一番。仅印度就有4.95亿城市居民，中国有8.93亿。从2018年至2050年，印度、中国和尼日利亚将占全球城市人口增长的35%。印度将增加4.16亿城市人口，中国将增加2.55亿，尼日利亚将增加1.89亿。

我们可以预测到2050年世界人口城市化将上升到70%，其中大部分发生在中低收入国家。虽然今天的发达国家看到了城市化带来的经济效益，但全球约有8亿人生活在贫民窟，而"超级明星"城市基本上吸引了所有的创新、资本、人才和投资。城市化涉及巨大的经济利益，但是也与环境变化密切相关，可能会妨碍收入增长，影响生活质量。正在进行城市化的低收入和中低收入国家面临粮食不安全的风险，因为这些国家日益增长的人口严重依赖进口，自给农业仍占主导地位。虽然我们不想直接回归马尔萨斯分析法，但是不可否认，气候变化已经加剧了干旱和洪灾，导致这些迅速发展的城市面临冲击。

4. 一个老龄化的世界即将到来

尽管我们可能活不过122岁，但现在活到100岁的人数超过以往任何时期。这在日本是一件趣事，日本政府已经开始通过赠送纯银奖杯的方式来表彰百岁老人。问题是百岁老人的数量——那些至少100岁的人，已经连续增长了50年，从1963年开始记录时的153人，到2020年的近8万人。日本百岁老人的数量太多了，结果政府为了省钱，赠送的奖杯已经从纯银变成了镀银。这是明智之举，因为到2027年，日本的百岁老人预计达到17万。

就个人而言，我们经常说变老要比早逝好；在某种程度上，这种观点也适用于老龄化社会。我们应该继续颂扬老年人预期寿命和儿童存活率的大幅提高，因为这让人们有信心组建更小的家庭。但是，正如人衰老后会感到痛苦和压力，老龄化社会也是如此。到2050年，韩国20岁至69岁的人将减少16.2%，在中国台湾地区，该年龄段人数将减少14.9%，在中国大陆将减少8.9%。有些国家承诺福利和提前退休，当这些国家变老时，如果制度不发生变化，它们的经济可能会萎缩，政府履行义务时将会面临严峻挑战。在缺乏长期护理设施和福利有限的国家，人们将忙于照顾家中老人，可能会进一步降低生育率。大多数发达经济体（第一批老龄化国家）的退休政策不仅目光短浅，而且代价高昂，因为在劳动力不断萎缩的老龄化国家，现收现付的福利体系是不可持续的。那些允许老年人绕开该体系（比如通过失业）提前退休的计划，成本也很高。面对前所未有的极端人口老龄化，最富裕的国家要进行政策改革，还有一些艰难的政治工作要做。在女性和年长的员工劳动参与率低的社会（大多数发达国家都是如此），采取政策让不同年龄的女性进入劳动力市场，并延长年长的员工留在劳动力市场的时间（比如取消法定退休年龄），可以显著扩大劳动力市场的规模。这些国家还可以把重点放在劳动力以外的其他经济增长因素上，例如可以通过技术提高生产率和效率。自动化和移民可以在一定程度上弥补老龄化带来的劳动力短缺，但这并非十全十美。在这个老龄化的世界，要想维持高质量的生活、降低成本、提高生产率，健康也是关键因素。

5. 政策可以引导我们走向想要的未来

突然而至的滚滚浪潮会把我们冲往不同的目的地，我们对此无能为力，但是人口却不同，我们可以制定政策引导人口流动。好消息是我们可以做出选择：因果是双向的，一边是人口，一边是政治、社会和经济。这意味着等式一边的行为会影响另一边的变量。不过这也是坏消息。国家要想充分利用人口红利，就必须提前制定政策，为增长奠定基础。这意味着要做许多工作：教育以及培训达到劳动年龄的年轻人，制定有利于外国投资的宏观经济政策，确保安全的投资环境，让投资者敢于冒险。这些目标都不容易实现,但是梅里利·格林德尔讨论了"足够好的治理目标",敦促人们相信微小变化的力量。杰克·戈德斯通和拉里·戴蒙德简明扼要地提出了一系列选择:"对教育、卫生和基础设施进行合理投资,支持自愿节育,实施基本产权制度,提高经济增长的包容性,防止过多的国家财富和收入用于非生产和腐败目的。"

如果说我们从新冠肺炎疫情中得到了什么启发,那就是良好的医疗卫生体系能让一个国家在应对突发事件时准备得更加充分。研究哪些做法行之有效,然后更广泛地实施这些做法,可以确保全球卫生体系保持在正确的轨道上。尽管每年仍有 43 万人死于疟疾,但是从 2010 年至 2017 年,疟疾病例下降了 18%,死亡人数下降了 28%。2019 年,阿尔及利亚和阿根廷宣布消灭了疟疾,第一批疟疾疫苗在加纳、肯尼亚和马拉维投入试验。我们还在全球抗击艾滋病的斗争中取得了重大成果。就在几年前,在撒哈拉以南非洲的一些国家,HIV 影响了三分之一以上的人口,预期寿命减少了 15 岁。但是世界卫生组织报告称,从 2000 年至 2018 年,新感染 HIV 的人数下降了 37%,与感染有关的死亡人数也下降了 37%,抗逆转录病毒疗法挽救了 1 360 万人的生命。学者们担心新冠肺炎疫情将改变其他卫生领域的资金流向,因此要想短期内在传统重点领域取得成果,速度可能会放慢。发达国家在大流行中的表现是否意味着它们将减少投入欠发达国家卫生事业的资源,现在下结论为时尚早。用防范大流行来代替防治其他疾病，是用一种片面的短视政策来代替另一种政策。实际上，我们只有把更多资金用于总体卫生工作，才能长期全面地应对卫生挑战。

政策也有助于确定人口老龄化带来的影响。从人口统计角度来看，巴西其实比俄罗斯或中国年轻得多（中国的年龄中位数是38.4岁，巴西为33.5岁）。但是，和中国一样，巴西也在快速老龄化。人口统计有一个作用最明显，即一旦进入人口转变阶段，国家就会沿着一条在很大程度上可预测的道路发展。换句话说，人口统计知道接下来会发生什么。巴西的总和生育率低于更替水平，平均每个妇女生育1.7个小孩，因此巴西的决策者和商界领袖已经意识到国家正在老龄化。

然而，巴西前总统迪尔玛·罗塞夫在第一个任期就增加了养老金支出。巴西在养老金上的支出占GDP的比例高于老龄化国家日本。日本男性平均退休年龄为71岁，你能猜到巴西的情况吗？答案是56岁。就应对人口老龄化而言，巴西显然没有打好基础。

我们也应该看看印度的情况。有些人把印度和中国相提并论，因为这两个国家都是大国，彼此相邻，而且经济增长态势也类似。但是，它们除了人口众多——加起来占世界人口的37%——之外，在人口统计以及许多其他方面截然不同。一个国家实施的教育、城市化、养老金等各项政策决定了人口的发展动态。印度和中国都有各自的政策，这些政策对两国的人口趋势产生了不同的结果。中国的识字率普遍较高，而在印度只有66%的女性能识字。中国的大规模城市化推动了经济增长,而印度远远落后于全球的平均水平,在2021年只达到35%(正如第六章提到的,由于数据问题,可能会更高一些)。中国已经发挥了本国的人口潜力,但是印度没有。

6. 人口差距将决定国家的命运

人口数据表明,发达国家和欠发达国家之间的差距在继续扩大。从2020年至2050年,超过89%的世界人口增长将出现在中低收入或中等收入国家,只有3%出现在高收入国家。撒哈拉以南非洲地区是世界上人口增长最快的地区之一。联合国预计,到2045年,这里的人口将翻一番,即使它能够将生育率从目前平均每个妇女生育近5个孩子降至略高于3个。如果生育率保持在目前的水平,该地区的人口将提前10年翻一番,到2035年将超过17亿。在差距的另一边,42%的世界人口生活在低生育率的发达国家。在世界最年轻的10个国家中,有几个国家非常突出,它们是索马里、刚果民主共和国和乌干达。这些并非世界上最开放、最和平、经济增长最强劲的国家。年龄结构并不能告诉我们一切,但是它提供了关于不同国家政治、社会和经济问题的重要线索。

借助生育率和年龄结构之间的关系,以及年龄结构与冲突或发展之间的关系,我们可以预测低生育率国家和高生育率国家的经济。这些国家大多有非常成熟或非常年轻的年龄结构,将在满足受抚养人的需求方面遇到挑战,而那些拥有成年型人口年龄结构的国家，比如许多新兴大国，将经历高速经济增长，享受和平红利。这些变化如何转化为全球力量、和平与繁荣值得我们关注。在全球范围内，不平等将扩大和加剧。中东和北非地区就体现了这种差距。虽然该地区的许多国家，如伊朗和突尼斯，拥有相对较低的生育率和老龄化人口，但是也门等其他国家仍然拥有较高的生育率和年轻型人口年龄结构。最不发达国家内部仍然面临严重的不平等，这种现象可能会助长不满情绪并引发政治动荡。

气候变化将带来更多挑战。贫穷国家将受到严重影响，甚至发达国家的穷人也会遭殃；贫穷国家和贫困社区适应更高温度和其他极端天气事件的能力将会降低。持续的人口增长和收入增加意味着温室气体排放不断增多，除非头脑清醒的大国领导人能实施根本性的变革。气候变暖和气候变化也会导致疾病出现在新的地区。例如，蚊子的活动范围正在扩大，会传播黄热病等传染病。

* * *

今晚，在纽约北部的某个地方，一个名叫保罗的男子将在家里与妻子和两个孩子庆祝自己的 50 岁生日。他并不认为自己是老人，他可能还需要再工作 20 年才敢退休。他和妻子背着第二笔抵押贷款，还要支付两个儿子的大学学费，以及去年全家去夏威夷度假时欠下的一笔信用卡债务。他只是希望自己能活到退休。医生说保罗的胆固醇很高，担心他吃太多糖会得糖尿病。

但是，今晚他会尽情享用一块巧克力蛋糕，就像他的祖母从德国去美国做的蛋糕一样。接着，他会跟孩子们吻别，开瓶啤酒，然后坐下来看电视。妻子会查看当天的邮件，把一个信封扔到他的腿上，然后回到厨房洗盘子。在第一次播放广告时，保罗会打开信封，突然目瞪口呆：真是老了。原来信封里装着一张美国退休人员协会寄来的带有个人姓名的会员卡，这个协会是一个强大的老年人游说团体。信中说："生日快乐，保罗。"

在世界另一边，非洲最东部的索马里，法杜玛的肚子有种下坠的感觉。她上次月经过了多少天了？她有种孕早期的预感，就像生前三个孩子时的经历一样。她最小的孩子只有几个月大，还没有断奶，因此她非常担心不久又要多喂养一张嘴。她才22岁，已经感到身心俱疲。

保罗和法杜玛的经历在同龄人中是典型，也代表了当今富裕国家和贫穷国家之间人口趋势的巨大差距。我在21世纪初开始研究人口统计学，发现这种差距不断加大，这20多年来我进行了更多的思考。在准备写作本书时，我重读了10年前出版的第一本书，很高兴看到有关人口影响的评估仍然站得住脚——这是因为书中提倡并仔细讲解过的方法确实有助于我们通过人口预测加深对彼此的了解。

我们这个80亿人口的世界未来会变成90亿，然后是100亿。全球人口增长的速度正在放缓，但是世界人口仍然高达80亿，而且还在增加。在任何一个时间点，这数十亿人都包含婴儿、儿童、工人、退休人员和老人。正如一个人会经历不同的年龄阶段一样,一个社会也会经历不同时期的人口转变。当今几代人的政治观点、消费行为和社会能力都已经受到(并将继续受到)他们所经历的全球经济衰退、流行病、战争、股市、和平、繁荣和技术革命的影响。我们是一个相互依存、相互联系的世界,困扰一个国家的疾病、气候变化、经济危机等挑战很容易影响我们所有人。正如相互联系的全球经济所表明的那样,一个国家的好运也会影响所有人。我们面临的问题是:如何利用今天地球上的80亿人口来塑造我们明天想要的世界?

致谢

在忙于工作、社交和生活的同时还要照顾年幼的孩子可谓困难重重,书中就讲过这一点。为此,首先要感谢幼儿工作者,是她们长期以来支持我和我的家人。特别是马洛里·麦高里克,多年来她不仅为我们伸出了关爱之手,而且还分担我们所有的担心和恐惧,用一颗温暖的心关爱我们的孩子。我也要感谢所有帮助出版本书的人,是他们使这本书成为可能。他们是卡米·沃伦、埃博妮·沃克、凯蒂·麦克布赖德、贝蒂·格林和劳拉·戈登。我的丈夫是最支持、最关爱我的人,没有他的支持,我的个人理想和职业抱负都不可能实现。我爱你,保罗。我也非常感激朋友们对我的耐心,因为我从他们的视线中消失了好几个月,甚至更长时间。每天我与娜塔莉·琼斯、摩根·史密斯和杰妮·麦克布赖德一起畅所欲言,排解了压力,得以将写作坚持到底。

在职业发展方面,我也要感谢许多人。感谢杜瓦尔·奥斯廷欣然同意成为我的代理人,而且相信我可以坚持童年时期成为作家的梦想。感谢诺顿出版公司的精英团队，是他们赋予本书生命力，他们是：梅拉妮·托托洛里、莫·克里斯特、蕾切尔·萨尔兹曼、梅雷迪思·麦金尼斯、达西·赛德尔、德文·扎恩、克里斯·库里奥利和亚尼内·巴洛。我也要感谢里姆吉姆·戴伊和安迪·德西奥帮助我把本书传播到世界。

克莱顿·格彻尔、考特尼·霍恩斯比、迪伦·克拉多克、黄俊等许多助理研究员也进行了案例研究，并收入书中。斯图尔特·盖特尔-巴斯滕、安妮·莫尔斯、沙德拉克·纳桑戈、泰特·凯勒、埃森·基迪斯和詹妮·威斯滕伯格就书中微小但重要的观点提供了反馈。如果不是每天通过 Zoom 与丽贝卡·图维尔、考特尼·哈特和瓦妮莎·罗杰斯开写作会议，我是不可能坚持到终点的。罗德学院为书中的大部分研究提供了慷慨的资金支持；拉里·彼得森、凯蒂·怀特和劳拉·罗思等优秀同事的支持，在我平衡教学、服务、研究和家庭生活需求方面发挥了重要作用，这些需求一度让我感觉几乎要以失败告终。

在大流行期间写作并出版本身就是煎熬，但也是莫大的荣幸。如果没有意识到自己的幸运处境，我不可能认真地研究人口趋势。我希望本书至少能让人们了解世界各地家庭生活的不同经历。我的儿子里尔登和威尔很有希望活到全球人口达到 100 亿的那一天。我祈祷未来的世界要比他们出生时的世界更加和平与繁荣，祈祷像本书这样的著作能激励我们所有人做得更好。正如我在最后一章所说，我们必须明白今天需要做哪些投资，才能塑造明天想要的未来。

参考文献

"2020 Internal Displacement." Global Internal Displacement Database. Geneva: Internal Displacement Monitoring Centre. Accessed 22 October 2021, https://www.internal-displacement.org/database/displacement-data.

Abadi, Mark. "Elderly People in Japan Are Getting Arrested on Purpose Because They Want to Go to Prison." *BusinessInsider*, March 19, 2018, https://www.businessinsider.com/japan-aging-prison-2018-3.

Aburto, José Manuel, Jonas Schöley, Ilya Kashnitsky, et al. "Quantifying Impacts of the Covid-19 Pandemic through Life Expectancy Losses: A Population-Level Study of 29 Countries." *medRxiv* (2021), https://www.medrxiv.org/content/10.1101/2021.03.02.21252772v4.full-text.

Admassie, Assefa, Seid Nuru Ali, John F. May, et al. *The Demographic Dividend: An Opportunity for Ethiopia's Transformation*. Washington, DC: Population Reference Bureau and Ethiopian Economics Association, 2015.

Ahluwalia, Sanjan, and Daksha Parmar. "From Gandhi to Gandhi: Contraceptive Technologies and Sexual Politics in Postcolonial India, 1947-1977." In *Reproductive States: Global Perspectives on the Invention and Implementation of Population Policy*, edited by Rickie Solinger and Mie Nakachi, 124–55. New York: Oxford University Press, 2016.

Ahmad, Farida B., Jodi A. Cisewski, Arialdi Miniño, and Robert N. Anderson. "Provisional Mortality Data—United States, 2020." *Morbidity and Mortality Weekly Report*, 70, no. 14 (2021): 519–22.

Akwiri, Joseph, and Maggie Fick. "In Kenya, Covid-19's Rural Spread Strains Creaky Healthcare." *Reuters*, December 7, 2020, https://www.reuters.com/article/us-health-coronavirus-kenya/in-kenya-covid-19s-rural-spread-strains-creaky-healthcare-idUSKBN28H0J0.

Arias, Elizabeth, Betzaida Tejada-Vera, and Farida Ahmad. "Provisional Life Expectancy Estimates for January through June, 2020." NVSS Vital Statistics Rapid Release, US Department of Health and Human Services, Centers for Disease Control and Prevention, National Center for Health Statistics, National Vital Statistics System, 2021.

Arlosoroff, Meirav. "Haredim Are Leaving the Fold, but the Community Is Growing." *Haaretz*, November 13, 2019, https://www.haaretz.com/israel-news/.premium-haredim-are-leaving-the-fold-but-the-community-is-growing-1.8121764.

Arnold, Jens, and Alberto González Pandiella. "Towards a More Prosperous and Inclusive Brazil." OECD [blog], February 28, 2018, https://oecdecoscope.blog/2018/02/28/towards-a-more-prosperous-and-exclusive-brazil/.

Asad, Hina, and David O. Carpenter. "Effects of Climate Change on the Spread of Zika Virus: A Public Health Threat." *Reviews on Environmental Health* 33, no. 1 (2018): 31–42.

Auerswald, Philip, and Joon Yun. "As Population Growth Slows, Populism Surges." *New York Times*, May 22, 2018, https://mobile.nytimes.com/2018/05/22/opinion/populist-populism-fertility-rates.html.

Baklinski, Thaddeus. "Saudi Arabian King Asked to Consider Implementing Population Control." *LifeSite*, January 12, 2015, https://www.lifesitenews.com/news/saudi-arabian-king-asked-to-consider-implementing-population-control.

Baranowski, Shelley. *Nazi Empire: German Colonialism and Imperialism from Bismarck to Hitler*. New York: Cambridge University Press, 2011.

Barclay, Marion S., and Frances Champion. *Teen Guide to Homemaking*, 2nd ed. St. Louis: McGraw-Hill, 1967.

"Barely Half of Population Born in Australia to Australian-Born Parents." *The Guardian*, June 26, 2017, https://www.theguardian.com/australia-news/2017/jun/27/australia-reaches-tipping-point-with-quarter-of-population-born-overseas.

Barry, John M. *The Great Influenza: The Story of the Deadliest Pandemic in History*. New York: Penguin Books, 2005. Kindle iOS version.

Barth, Fredrik. "Introduction." In *Ethnic Groups and Boundaries: The Social Organization of Cultural Difference*, edited by Fredrik Barth, 9–38. Long Grove, IL: Waveland Press, 1998.

Batalova, Jeanne, Mary Hanna, and Christopher Levesque. "Frequently Requested Statistics on Immigrants and Immigration in the United States." Migration Policy Institute, February 11, 2021, https://www.migrationpolicy.org/article/frequently-requested-statistics-immigrants-and-immigration-united-states-2020#refugees-asylum.

Bates, Karen Grigsby. "Nailing the American Dream, with Polish." NPR, June 14, 2012, https://www.npr.org/2012/06/14/154852394/with-polish-vietnamese-immigrant-community-strives.

Baum, L. Frank. *The Emerald City of Oz*. Champaign, IL: Project Gutenberg (n.d.).

Baum, Rob K. "Deconstruction of National Identity in the Third Reich: *Naziprache* and *Geopolitik*." *National Identities* 8, no. 2 (2006): 95–112.

Bearak, Jonathan, Anna Popinchalk, Leontine Alkema, and Gilda Sedgh. "Global, Regional, and Subregional Trends in Unintended Pregnancy and Its Outcomes from 1990 to 2014: Estimates from a Bayesian Hierarchical Model." *Lancet Global Health* 6, no. 4 (2018): E380–89.

Beaubien, Jason. "President Trump Announces That U.S. Will Leave WHO." NPR, May 29, 2020, https://www.npr.org/2020/05/29/865685798/president-trump-announces-that-us-will-leave-who.

Beissinger, Mark R. "A New Look at Ethnicity and Democratization." *Journal of Democracy* 19, no. 3 (2008): 85–97.

Berg, Ellen, and Douglas J. Besharov. "Patterns of Global Migration." In *Adjusting to a World in Motion: Trends in Global Migration and Migration Policy*, edited by Douglas J. Besharov and Mark H. Lopez, 58–80. New York: Oxford University Press, 2016.

Bernstein, Lenny. "U.S. Life Expectancy Declines Again, a Dismal Trend Not Seen since World War I." *Washington Post*, November 28, 2018, https://www.washingtonpost.com/national/health-science/us-life-expectancy-declines-again-a-dismal-trend-not-seen-since-world-war-i/2018/11/28/ae58bc8c-f28c-11e8-bc79-68604ed88993_story.html.

Biddlecom, Ann, Napaporn Chayovan, and Mary Beth Ofstedal. "Intergenerational Support and Transfers." In *The Well-Being of the Elderly in Asia: A Four-Country Comparative Study*, edited by Albert I. Hermalin, 185–230. Ann Arbor: University of Michigan Press, 2002.

Bloom, David E., David Canning, and Pia N. Malaney. *Demographic Change and Economic Growth in Asia*. Cambridge, MA: Center for International Development at Harvard University, 1999.

Bloom, David E., David Canning, and Jaypee Sevilla. *The Demographic Dividend: A New Perspective on the Economic Consequences of Population Change*. Population Matters. Santa Monica: RAND Corporation, 2003.

Bollyky, Thomas J. *Plagues and the Paradox of Progress: Why the World Is Getting Healthier in Worrisome Ways*. Cambridge, MA: MIT Press, 2018.

Bongaarts, John. "Africa's Unique Fertility Transition." *Population and Development Review* 43 (2017): 39–58.

———. "Can Family Planning Programs Reduce High Desired Family Size in Sub-Saharan Africa?" *International Perspectives on Sexual and Reproductive Health* 37, no. 4 (2011): 209–16.

Bricker, Noah Q., and Mark C. Foley. "The Effect of Youth Demographics on Violence: The Importance of the Labor Market." *International Journal of Conflict and Violence* 7, no. 1 (2013): 179–94.

Brinton, Mary C., and Dong-Ju Lee. "Gender-Role Ideology, Labor Market Institutions, and Post-Industrial Fertility." *Population & Development Review* 42, no. 3 (2016): 405–33.

Brown, Stephen. "The Impact of Covid-19 on Development Assistance." *Journal of Global Policy Analysis* (2021), https://journals.sagepub.com/doi/full/10.1177/0020702020986888.

Capps, R., J. Gelatt, A.G.R. Soto, and J. Van Hook. *Unauthorized Immigrants in the United States*. Migration Policy Institute, December 2020, https://www.migrationpolicy.org/sites/default/files/publications/mpi-unauthorized-immigrants-stablenumbers-changingorigins_final.pdf.

Castles, Stephen, Mark J. Miller, and Hein de Haas. *The Age of Migration*, 5th ed. New York: Guilford Press, 2014.

Catley-Carlson, Megan. "Foreword." In *Do Population Policies Matter? Fertility and Politics in Egypt, India, Kenya, and Mexico*, edited by Anrudh Jain. New York: Population Council, 1998.

Caute, David. *The Year of the Barricades: A Journey through 1968*. New York: Harper & Row, 1988.

"Census and Sensibility." *The Economist*, November 5, 2016, https://www.economist.com/middle-east-and-africa/2016/11/05/census-and-sensibility.

Centers for Disease Control and Prevention. "2009 H1N1 Pandemic (H1N1pdm09 Virus)." Centers for Disease Control and Prevention (n.d.), https://www.cdc.gov/flu/pandemic-resources/2009-h1n1-pandemic.html.

———. "Pandemic Influenza." Centers for Disease Control and Prevention (n.d.), https://www.cdc.gov/flu/pandemic-resources/index.htm.

Central Intelligence Agency. "Mother's Mean Age at First Birth." In *The World Factbook*. Langley, VA: Central Intelligence Agency, 2021.

Charlton, Emma. "Students in Milan Are Moving in with the Elderly to Fight Loneliness and Save Money." WeForum [blog], November 2018, https://www.weforum.org/agenda/2018/11/why-some-students-in-milan-are-moving-in-with-elderly-people?utm_source=Facebook%20Videos&utm_medium=Facebook%20Videos&utm_campaign=Facebook%20Video%20Blogs.

Chigwedere, Pride, George R. Seage, III, Sofia Gruskin, et al. "Estimating the Lost Benefits of Antiretroviral Drug Use in South Africa." *Journal of Acquired Immune Deficiency Syndrome* 49, no. 4 (2008): 410–15.

Chola, Lumbwe, Shelley McGee, Aviva Tugendhaft, and Ekhart Buchmann. "Scaling Up Family Planning to Reduce Maternal and Child Mortality: The Potential Costs and Benefits of Modern Contraceptive Use in South Africa." *PLoS ONE* 10, no. 6 (2015): e0130077.

"Cholera." World Health Organization, February 5, 2021, https://www.who.int/news-room/fact-sheets/detail/cholera.

"Cholera Count Reaches 500 000 in Yemen." WHO News Release, August 14, 2017, http://www.who.int/mediacentre/news/releases/2017/cholera-yemen-mark/en/.

Cincotta, Richard. "The Age-Structural Theory of State Behavior." *Oxford Research Encyclopedia of Politics*, August 2017, https://doi.org/10.1093/acrefore/9780190228637.013.327.

———. "Emulating Botswana's Approach to Reproductive Health Services Could Speed Development in the Sahel." New Security Beat, January 27, 2020, https://www.newsecuritybeat.org/2020/01/emulating-botswanas-approach-reproductive-health-services-speed-development-sahel/.

———. "Forecasting in Age-Structural Time." In *A Research Agenda for Political Demography*, edited by Jennifer D. Sciubba. Cheltenham, UK: Edward Elgar, 2021.

Cincotta, Richard, and Elizabeth Leahy Madsen. "Bangladesh and Pakistan: Demographic Twins Grow Apart." New Security Beat, October 10, 2018, https://www.newsecuritybeat.org/2018/10/bangladesh-pakistan-demographic-twins-grow/.

Cincotta, Richard, and Karim Sadjadpour. *Iran in Transition: The Implications of the Islamic Republic's Changing Demographics*. Washington, DC: Carnegie Endowment for International Peace, 2017.

Clemens, Michael. *The Emigration Life Cycle: How Development Shapes Emigration from Poor Countries*. Washington, DC: Center for Global Development, 2020, https://www.cgdev.org/publication/emigration-life-cycle-how-development-shapes-emigration-poor-countries.

Clemens, Michael A., and Hannah M. Postel. "Deterring Emigration with Foreign Aid: An Overview of Evidence from Low-Income Countries." *Population & Development Review* 44, no. 4 (2018): 667–93.

Clements, Benedict, Kamil Dybczak, Vitor Gaspar, et al. "The Fiscal Consequences of Shrinking Populations." In *Staff Discussion Notes*. Washington, DC: International Monetary Fund, 2015.

Cohen, Guillaume, and Michal Shinwell. "How Far are OECD Countries from Achieving SDG Targets for Women and Girls? Applying a Gender Lens to Measuring Distance to SDG Targets." OECD Statistics Working Papers, No. 2020/02, OECD Publishing, Paris, 2020.

Coleman, David. "A Demographic Rationale for Brexit." *Population & Development Review* 42, no. 4 (2016): 681–92.

Coleman, David, and Robert Rowthorn. "Who's Afraid of Population Decline? A Critical Examination of Its Consequences." *Population & Development Review* 37, Supplement (2011): 217–48.

Combs, Jerald A. *The History of American Foreign Policy*, Vol. II, 3rd ed. Armonk, NY: M.E. Sharpe, 2008.

Commonwealth of Australia. *Bringing Them Home*. Sydney: Commonwealth of Australia, 1997, https://bth.humanrights.gov.au/sites/default/files/documents/bringing_them_home_report.pdf.

Côté, Isabelle, and Matthew Mitchell. "Elections and "Sons of the Soil" Conflict Dynamics in Africa and Asia." *Democratization* 23, no. 4 (2015): 657–77.

Coughlin, Joseph F. *The Longevity Economy: Unlocking the World's Fastest-Growing, Most Misunderstood Market*. New York: PublicAffairs, 2017.

"Covid-19: Managing Supply Chain Risk and Disruption." Deloitte Canada (n.d.), https://www2.deloitte.com/global/en/pages/risk/articles/covid-19-managing-supply-chain-risk-and-disruption.html.

Cramer, C. "Unemployment and Participation in Violence." World Development Report 2011 Background Paper. Washington, DC: World Bank, 2010.

Dalmia, Shikha. "How Foreign Aid Screwed up Liberia's Ability to Fight Ebola." *The Week*, October 24, 2014, https://theweek.com/articles/442800/how-foreign-aid-screwed-liberias-ability-fight-ebola.

Dauvergne, Peter. *Environmentalism of the Rich*. Cambridge, MA: MIT Press, 2018.

David, Patty, and Brittne Nelson-Kakulla. "Grandparents Embrace Changing Attitudes and Technology." *AARP Research*, April 2019, https://www.aarp.org/research/topics/life/info-2019/aarp-grandparenting-study.html.

Davis, Douglas. "Biological Warfare." *The Spectator*, September 6, 2003, https://www.spectator.co.uk/article/biological-warfare.

Davis, Kingsley. "The Urbanization of the Human Population." *Scientific American* 213, no. 3 (1965): 40–53.

Davis, Mike. *Planet of Slums*. New York: Verso, 2006.

"Democratic Republic of the Congo." International Displacement Monitoring Centre, 2019, https://www.internal-displacement.org/countries/democratic-republic-of-the-congo.

Denyer, Simon, and Annie Gowen. "Too Many Men." *The Washington Post*, April 18, 2018, https://www.washingtonpost.com/graphics/2018/world/too-many-men/?noredirect=on&utm_campaign=42d302f32e-newsletter_12_07_17&utm_medium=email&utm_source=Jocelyn%20K.%20Glei%27s%20newsletter&utm_term=.23aa9d7dc5a4.

DesRoches, Reginald, Mary Comerio, Marc Eberhard, et al. "Overview of the 2010 Haiti Earthquake." *Earthquake Spectra* 27, no. S1 (2011): S1–S21, https://escweb.wr.usgs.gov/share/mooney/142.pdf.

Diarrhea: Common Illness, Global Killer. US Department of Health and Human Services, Centers for Disease Control and Prevention, https://www.cdc.gov/healthywater/pdf/global/programs/Globaldiarrhea508c.pdf.

"Diarrhoea." UNICEF, 2021, https://data.unicef.org/topic/child-health/diarrhoeal-disease/.

Dimock, Michael. "Defining Generations: Where Millennials End and Post-Millennials Begin." Pew Research FactTank, March 1, 2018, http://www.pewresearch.org/fact-tank/2018/03/01/defining-generations-where-millennials-end-and-post-millennials-begin/.

"Distribution of Population by Religion." Office of the Registrar General & Census Commissioner, India, Ministry of Home Affairs, Government of India, http://censusindia.gov.in/Census_And_You/religion.aspx.

Doerr, Sebastian, Stefan Gissler, Jose-Luis Peydro, and Hans-Joachim Voth, "From Finance to Fascism," SSRN, November 3, 2020, https://ssrn.com/abstract=3146746.

Dublin, Louis I. *Health and Wealth*. New York: Harper, 1928.

Duncan, Pamela. "Europeans Greatly Overestimate Muslim Population, Poll Shows." *The Guardian*, December 13, 2016, https://www.theguardian.com/society/datablog/2016/dec/13/europeans-massively-overestimate-muslim-population-poll-shows.

Eckstein, Susan, and Thanh-Nghi Nguyen. "The Making and Transnationalization of an Ethnic Niche: Vietnamese Manicurists." *International Migration Review* 45, no. 3 (2011): 639–74.

Economy, Elizabeth. *The River Runs Black*. Ithaca, NY: Cornell University Press, 2005.

El-Erian, Mohamad A., and Michael Spence. "The Great Unequalizer: The Pandemic Is Compounding Disparities in Income, Wealth, and Opportunity." *Foreign Affairs*, 2020, https://www.foreignaffairs.com/articles/united-states/2020-06-01/great-unequalizer.

Elizarov, Valeriy, and Victoria Levin. "Family Policies in Russia: Could Efforts to Raise Fertility Rates Slow Population Aging?" In *Russian Federation Aging Project*. Washington, DC: World Bank Group, 2015.

Elliott, Larry. "IMF Estimates Global Covid Cost at $28tn in Lost Output." *The Guardian*, October 13, 2020, https://www.theguardian.com/business/2020/oct/13/imf-covid-cost-world-economic-outlook.

Esipova, Neli, Rajesh Srinivasan, and Julie Ray. "Adjusting to a World in Motion." In *Adjusting to a World in Motion: Trends in Global Migration and Migration Policy*, edited by Douglas J. Besharov and Mark H. Lopez, 21–57. New York: Oxford University Press, 2016.

European Stability Initiative. *The Refugee Crisis through Statistics: A Compilation for Politicians, Journalists and Other Concerned Citizens*. Berlin, Brussels, and Istanbul: European Stability Initiative, 2017, https://www.esiweb.org/pdf/ESI%20-%20The%20refugee%20crisis%20through%20statistics%20-%2030%20Jan%202017.pdf.

Eurostat. "Asylum Statistics." Luxembourg: Eurostat, updated April 27, 2021, https://ec.europa.eu/eurostat/statistics-explained/index.php?title=Asylum_statistics#Age_and_gender_of_first-time_applicants.

———. "EU Population in 2020: Almost 448 Million." Eurostat News Release, July, 10, 2020, https://ec.europa.eu/eurostat/documents/2995521/11081093/3-10072020-AP-EN.pdf/d2f799bf-4412-05cc-a357-7b49b93615f1.

Ewing-Nelson, Claire. "All of the Jobs Lost in December Were Women's Jobs." National Women's Law Center, January 2021, https://nwlc.org/wp-content/uploads/2021/01/December-Jobs-Day.pdf.

Faour, Muhammad A. "Religion, Demography, and Politics in Lebanon." *Middle Eastern Studies* 43, no. 6 (2007): 909–21.

Farole, Thomas, Soraya Goga, and Marcel Ionescu-Heroiu. *Rethinking Lagging Regions: Using Cohesion Policy to Deliver on the Potential of Europe's Regions*. Washington, DC: World Bank, 2018.

Faulconbridge, Guy. "Russia Says Population up for First Year since 1995." *Reuters India*, January 19, 2010, http://in.reuters.com/article/idINTRE60I2KM20100119.

Federspiel, Frederik, and Mohammad Ali. "The Cholera Outbreak in Yemen: Lessons Learned and Way Forward." *BMC Public Health* 18, no. 1 (2018), 1338.

Fensom, Anthony. "Korea's Future Is Dying (Thanks to Demographics)." *National Interest*,

August 31, 2019, https://nationalinterest.org/blog/korea-watch/koreas-future-dying-thanks-demographics-77206.

Ferris-Rotman, Amie. "Putin's Next Target Is Russia's Abortion Culture." *Foreign Policy*, October 3, 2017, https://foreignpolicy.com/2017/10/03/putins-next-target-is-russias-abortion-culture/.

Filippi, V., D. Chou, C. Ronsmans, et al. "Levels and Causes of Maternal Mortality and Morbidity." In *Reproductive, Maternal, Newborn, and Child Health: Disease Control Priorities*, edited by R.E. Black, R. Laxminarayan, M. Temmerman, et al., Vol. 2, 3rd ed., chap. 3. Washington, DC: The International Bank for Reconstruction and Development / The World Bank, 2016, https://www.ncbi.nlm.nih.gov/books/NBK361917/doi: 10.1596/978-1-4648-0348-2_ch3.

FitzGerald, David Scott. *Refuge Beyond Reach: How Rich Democracies Repel Asylum Seekers*. New York: Oxford University Press, 2019.

Florida, Richard. *The New Urban Crisis: How Our Cities Are Increasing Inequality, Deepening Segregation, and Failing the Middle Class—and What We Can Do About It*. New York: Basic Books, 2017.

Focus on Geography Series, 2016 Census. Ottawa, Ontario: Statistics Canada, 2017, https://www12.statcan.gc.ca/census-recensement/2016/as-sa/fogs-spg/Facts-can-eng.cfm?Lang=Eng&GK=CAN&GC=01&TOPIC=7.

Freeman, Colin, and Matthew Holehouse. "Europe's Migrant Crisis Likely to Last for 20 Years, Says International Development Secretary." *Telegraph*, November 5, 2015, http://www.telegraph.co.uk/news/worldnews/europe/11977254/Warning-from-Justine-Greening-comes-as-new-EU-figures-say-three-million-migrants-could-arrive-in-next-two-years.html.

Frey, William H. *2018 Voter Turnout Rose Dramatically for Groups Favoring Democrats, Census Confirms*. Brookings Institution, 2019, https://www.brookings.edu/research/2018-voter-turnout-rose-dramatically-for-groups-favoring-democrats-census-confirms/.

Fund for Peace. "Fragile States Index: 2020." Washington, DC: The Fund for Peace, 2021, https://fragilestatesindex.org/data/.

Gates, Robert M. "A Balanced Strategy: Reprogramming the Pentagon for a New Age." *Foreign Affairs* 88, no. 1 (2009).

German, Erik, and Solana Pyne. "Dhaka: Fastest Growing Megacity in the World." *The World*, September 8, 2010, https://www.pri.org/stories/2010-09-08/dhaka-fastest-growing-megacity-world.

"German Army Floats Plan to Recruit Foreignters." *Reuters*, December 27, 2018, https://www.reuters.com/article/us-germany-military-foreigners/german-army-floats-plan-to-recruit-foreigners-idUSKCN1OQ14L.

"German Army Recruits More Minors Than Ever Before: Report." *TheLocal.de*, January 9, 2018, https://www.thelocal.de/20180109/german-army-recruits-more-minors-than-ever-before-report/.

"German MPs Are Younger Than French MPs." *L'Observatoire des Senioi*, April 12, 2017, https://observatoire-des-seniors.com/en/les-deputes-allemands-ont-en-moyenne-497-ans-et-les-francais-628-ans/.

"Global Health Bright Spots 2019." World Health Organization, 2019, https://www.who.int/news-room/feature-stories/detail/global-health-bright-spots-2019.

Gollin, Douglas, Rémi Jedwab, and Dietrich Vollrath. "Urbanization with and without Industrialization." *Journal of Economic Growth* 21, no. 1 (2016): 35–70.

Gottesman, Evan. "Crossing the Threshold: Israel's Electoral Threshold Explained." *Israel Policy Forum*, February 19, 2019, https://israelpolicyforum.org/2019/02/19/crossing-the-threshold-israels-electoral-threshold-explained/.

Gray, Clark, "Climate Change and Migration." Presentation to the Climate Change and Population Dynamics webinar, 21 September 2021, https://iussp.org/sites/default/files/IUSSP-PERN_Webinar_Gray-Climate%20Change%20%26%20Population%20Dynamics_2021.pdf.

Grindle, Merilee. "Good Enough Governance Revisited." *Development Policy Review* 25, no. 5 (2007): 533–74.

Hackett, Conrad. "5 Facts About the Muslim Population in Europe." Pew Research FactTank, November 29, 2017, https://www.pewresearch.org/fact-tank/2017/11/29/5-facts-about-the-muslim-population-in-europe/.

Haddad, Yvonne Yazbeck, and Michael J. Balz. "The October Riots in France: A Failed Immigration Policy or the Empire Strikes Back?" *International Migration* 44, no. 2 (2006): 23–34.

Hajari, Nisid. *Midnight's Furies: The Deadly Legacy of India's Partition*. Gloucestershire: Amberley Publishing, 2015.

Hamilton, Brady E., Joyce A. Martin, and Michelle J.K. Osterman. *Births: Provisional Data for 2020*. US Department of Health and Human Services, Centers for Disease Control and Prevention, May 2021, https://www.cdc.gov/nchs/data/vsrr/vsrr012-508.pdf.

Hampshire, James. *The Politics of Immigration*. Cambridge, UK: Polity Press, 2013.

Handy, Bruce. *Wild Things: The Joy of Reading Children's Literature as an Adult*. New York: Simon & Schuster, 2017.

Harlan, Chico. "Strict Immigration Rules May Threaten Japan's Future." *Washington Post*, July 28, 2010, http://www.washingtonpost.com/wp-dyn/content/article/2010/07/27/AR2010072706053.html.

Harper, Sarah. "The Important Role of Migration for an Ageing Nation." *Population Ageing* 9 (2016): 183–89.

Haven, Bernard James, Nazmus Sadat Khan, Zahid Hussain, et al. *Bangladesh Development Update: Tertiary Education and Job Skills*. Washington, DC: World Bank Group, 2019.

Haver, Katherine. *Haiti Earthquake Response: Mapping and Analysis of Gaps and Duplications in Evaluations*. ALNAP-Active Learning Network for Accountability and Performance in Humanitarian Action, February 2011, https://www.oecd.org/countries/haiti/47501750.pdf.

Health, United States, 2017: With Special Feature on Mortality. Hyattsville, MD: National Center for Health Statistics, 2018.

Healthy Life Expectancy (Hale) - Data by Country. Edited by World Health Organization, Geneva, 2020.

Heilig, Gerhard, Thomas Büttner, and Wolfgang Lutz. "Germany's Population: Turbulent Past, Uncertain Future." *Population Bulletin* 45, no. 4 (1991): 1–46.

Henneman, John B., Jr. "France: A Fiscal and Constitutional Crisis." In *The Black Death: A Turning Point in History?*, edited by William M. Bowsky, 86–88. New York: Holt, Rinehart and Winston, 1971.

Herlihy, David. *The Black Death and the Transformation of the West*. Cambridge, MA: Harvard University Press, 1997.

———. "Malthus Denied." In *The Black Death: A Turning Point in History?*, edited by William M. Bowsky, 60–64. New York: Holt, Rinehart and Winston, 1971.

Hintjens, Helen M. "Explaining the 1994 Genocide in Rwanda." *Journal of Modern African Studies* 37, no. 2 (1999): 241–86.

"Historical Background and Development of Social Security." US Social Security Administration, accessed 4 November, 2020, https://www.ssa.gov/history/briefhistory3.html.

Hochschild, Arlie. *The Second Shift: Working Families and the Revolution at Home*. New York: Penguin, 2012.

Honigsbaum, Mark. *The Pandemic Century: One Hundred Years of Panic, Hysteria, and Hubris*. New York: Norton, 2019.

Hooglund, Eric. "Rural Participation in the Revolution." *MERIP Reports*, no. 87 (1980): 3–6.

"How a Slap Sparked Tunisia's Revolution." *60 Minutes*, 22 February 2011, https://www.cbsnews.com/news/how-a-slap-sparked-tunisias-revolution-22-02-2011/.

Huber, Daniela. "Youth as a New 'Foreign Policy Challenge' in Middle East and North Africa: A Critical Interrogation of European Union and US Youth Policies in Morocco and Tunisia." *European Foreign Affairs Review* 22, no. 1 (2017): 111–28.

Hudson, Valerie, and Andrea M. den Boer. "Patrilineality, Son Preference, and Sex Selection in South Korea and Vietnam." *Population & Development Review* 43, no. 1 (2017): 119–47.

Hudson, Valerie M., Donna Lee Bowen, and Perpetua Lynne Nielsen. *The First Political Order: How Sex Shapes Governance and National Security Worldwide*. New York: Columbia University Press, 2020.

Hudson, Valerie M. "Sex, Demographics, and National Security." In *A Research Agenda for Political Demography*, edited by Jennifer D. Sciubba. Cheltenham, UK: Edward Elgar, 2021.

Inkpen, Christopher. "7 Facts About World Migration." Pew Research FactTank, September 2, 2014, http://www.pewresearch.org/fact-tank/2014/09/02/7-facts-about-world-migration/.

Institute for Health Metrics and Evaluation. "Japan," 2020, http://www.healthdata.org/japan.

International Organization for Migration. *World Migration Report 2020*, edited by Marie McAuliffe and Binod Khadria. Geneva: IOM, 2019, https://publications.iom.int/books/world-migration-report-2020.

Israel Central Bureau of Statistics. "Jews, by Country of Origin and Age," 2020, https://www.cbs.gov.il/he/publications/doclib/2020/2.shnatonpopulation/st02_08x.pdf.

———. "Sources of Population Growth," 2020, https://www.cbs.gov.il/he/publications/doclib/2020/2.shnatonpopulation/st02_12.pdf.

———. *Statistical Abstract of Israel 2020*. Jerusalem: Israel Central Bureau of Statistics, 2020.

Jansen, Tiffany R., "The Nursing Home That's Also a Dorm." *CityLab. Bloomberg*, October

2, 2015, https://www.citylab.com/equity/2015/10/the-nursing-home-thats-also-a-dorm/408424/.

Jedwab, Rémi. "Urbanization without Structural Transformation: Evidence from Consumption Cities in Africa." Working paper, 2020, http://home.gwu.edu/~jedwab/JEDWAB_AfricanUrban_Feb2013.pdf.

Jerving, Sara. "Why Liberians Thought Ebola Was a Government Scam to Attract Western Aid." *The Nation*, September 16, 2014, https://www.thenation.com/article/archive/why-liberians-thought-ebola-was-government-scam-to-attract-western-aid/.

Jivraj, Stephen. "How Has Ethnic Diversity Grown 1991-2001-2011?" In *The Dynamic of Diversity: Evidence from the 2011 Census*. Manchester, UK: Center on Dynamics of Ethnicity, University of Manchester, 2012.

Jobs for Youth in Africa: Catalyzing Youth Opportunity across Africa. African Development Bank Group, March 2016, https://www.afdb.org/fileadmin/uploads/afdb/Images/high_5s/Job_youth_Africa_Job_youth_Africa.pdf.

Johnson, Steven. *The Ghost Map: The Story of London's Most Terrifying Epidemic—and How It Changed Science, Cities, and the Modern World*. New York: Riverhead Books, 2006. Kindle iOS version.

Kaneda, Toshiko, and Carl Haub. "How Many People Have Ever Lived on Earth?" *PRB*, March 9, 2018, https://www.prb.org/howmanypeoplehaveeverlivedonearth/.

Kanem, Natalia. "Statement on UK Government Funding Cuts." UNFPA News Release, April 28, 2021, https://www.unfpa.org/press/statement-uk-government-funding-cuts.

Karpov, Vyacheslav, and Kimmo Kääriäinen. "'Abortion Culture' in Russia: Its Origins, Scope, and Challenges to Social Development." *Journal of Applied Sociology* 22, no. 2 (2005): 13–33.

Kassam, Ashifa. "Ratio of Indigenous Children in Canada Welfare System Is 'Humanitarian Crisis'." *The Guardian*, November 4, 2017, https://www.theguardian.com/world/2017/nov/04/indigenous-children-canada-welfare-system-humanitarian-crisis.

Kaufmann, Eric. *Whiteshift: Populism, Immigration and the Future of White Majorities*. London: Allen Lane, 2018.

———. "Why Culture Is More Important Than Skills: Understanding British Public Opinion on Immigration." LSE British Politics and Policy Blog, London School of Economics and Political Science, January 30, 2018, https://blogs.lse.ac.uk/politicsandpolicy/why-culture-is-more-important-than-skills-understanding-british-public-opinion-on-immigration/.

Kaufmann, Eric P., and Vegard Skirbekk. "'Go Forth and Multiply'": The Politics of Religious Demography." In *Political Demography: How Population Changes Are Reshaping International Security and National Politics*, edited by J.A. Goldstone, E.P. Kaufmann, and M. Duffy Toft, 194–212. New York: Oxford University Press.

Keyfitz, Nathan. "The Limits of Population Forecasting." *Population & Development Review* 7, no. 4 (1981): 579–93.

Kim, Jaewon. "No Country for Old Koreans: Moon Faces Senior Poverty Crisis." *Nikkei Asian Review*, January 29, 2019, https://asia.nikkei.com/Spotlight/Asia-Insight/No-country-for-old-Koreans-Moon-faces-senior-poverty-crisis.

Kluge, Hans Henri P., Zsuzsanna Jakab, Jozef Bartovic, et al. "Refugee and Migrant Health in the Covid-19 Response." *Lancet* 395, no. 10232 (2020): 1237–39.

Kuhn, Anthony. "As Japan Tries Out Immigration, Migrant Workers Complain of Exploitation." NPR, January 15, 2019, https://www.npr.org/2019/01/15/683224099/as-japan-tries-out-immigration-migrant-workers-complain-of-exploitation.

Kurlansky, Mark. *1968: The Year That Rocked the World*. New York: Ballentine Books, 2004.

Lall, Somik Vinay, J. Vernon Henderson, and Anthony J. Venables. *Overview—Africa's Cities: Opening Doors to the World*. Washington, DC: World Bank, 2017.

Lathrop, Eva, Denise J. Jamieson, and Isabella Danel. "HIV and Maternal Mortality." *International Journal of Gynaecology and Obstetrics* 127, no. 2 (2014): 213–15.

Lee, Everett S. "A Theory of Migration." *Demography* 3, no. 1 (1966): 47–57.

Lee, Ronald, and Andrew Mason. "What Is the Demographic Dividend?" *Finance and Development* 43, no. 3 (2006), http://www.imf.org/external/pubs/ft/fandd/2006/09/basics.htm.

Lemon, Edward. "Dependent on Remittances, Tajikistan's Long-Term Prospects for Economic Growth and Poverty Reduction Remain Dim." Migration Policy Institute, November 14, 2019, https://www.migrationpolicy.org/article/dependent-remittances-tajikistan-prospects-dim-economic-growth.

Léonard, Marie des Neiges. "The Effects of Political Rhetoric on the Rise of Legitimized Racism in France: The Case of the 2005 French Riots." *Critical Sociology* 42, no. 7–8 (2015): 1087–1107.

Levine, Phillipa. *Eugenics: A Very Short Introduction*. Very Short Introductions. New York: Oxford University Press, 2017.

Liulevicius, Vejas Gabriel. *War Land on the Eastern Front: Culture, National Identity, and German Occupation in World War I*. Cambridge, UK: Cambridge University Press, 2000.

Livi-Bacci, Massimo. *A Concise History of World Population*, 4th ed. Malden, MA: Blackwell, 2007.

Lopez, Gustavo, and Kristen Bialik. "Key Findings About U.S. Immigrants." Pew Research FactTank, May 3, 2017, http://www.pewresearch.org/fact-tank/2017/05/03/key-findings-about-u-s-immigrants/.

Loudenback, Tanza. "Here's How Much It Would Cost You to Live in the 10 Largest Megacities around the World." *BusinessInsider*, October 20, 2017, https://www.businessinsider.com/worlds-largest-cities-megacity-cost-of-living-2017-10.

"Louis Pasteur." Science History Institute, 2020, https://www.sciencehistory.org/historical-profile/louis-pasteur.

"Magufuli Advises against Birth Control." *The Citizen*, September 10, 2018, https://www.thecitizen.co.tz/News/Magufuli-advises-against-birth-control/1840340-4751990-4h8fqpz/index.html.

Malach, Gilad, and Lee Cahaner. *2019 Statistical Report on Ultra-Orthodox Society in Israel: Highlights*. Jerusalem: Israel Democracy Institute, 2019.

"Malaria Vaccine Pilot Launched in Malawi." WHO News Release, April 23, 2019, https://www.who.int/news-room/detail/23-04-2019-malaria-vaccine-pilot-launched-in-malawi.

Mapa, Claire Dennis S. "Total Number of OFWs Estimated at 2.2 Million." Philippine Statistics Authority, 2020, https://psa.gov.ph/content/total-number-ofws-estimated-22-million.

Martin, Nina, and Renee Montagne. "Nothing Protects Black Women from Dying in Pregnancy and Childbirth." *ProPublica*, December 7, 2017, https://www.propublica.org/article/nothing-protects-black-women-from-dying-if-pregnancy-and-childbirth.

Maternal Mortality: Levels and Trends 2000 to 2017. WHO, UNICEF, UNFPA, World Bank Group, & UN Population Division, 2019, https://www.who.int/reproductivehealth/publications/maternal-mortality-2000-2017/en/.

May, John F. "The Politics of Family Planning Policies and Programs in Sub-Saharan Africa." *Population & Development Review* 47 (2017): 308–29.

McCurry, Justin. "The Changing Face of Japan: Labour Shortage Opens Doors to Immigrant Workers." *The Guardian*, November 8, 2018. https://www.theguardian.com/world/2018/nov/09/the-changing-face-of-japan-labour-shortage-opens-doors-to-immigrant-workers.

———. "Japanese Centenarian Population Edges Towards 70,000." *The Guardian*, September 14, 2018, https://www.theguardian.com/world/2018/sep/14/japanese-centenarian-population-edges-towards-70000.

McFarlane, Deborah R. "Population and Reproductive Health." In *Global Population and Reproductive Health*, edited by Deborah R. McFarlane, 1–26. Burlington, MA: Jones & Bartlett, 2015.

McFarlane, Deborah R., and Richard Grossman. "Contraceptive History and Practice." In *Global Population and Reproductive Health*, edited by Deborah R. McFarlane, 143–70. Burlington, MA: Jones & Bartlett, 2015.

Meagher, Kate. "The Scramble for Africans: Demography, Globalisation and Africa's Informal Labour Markets." *Journal of Development Studies* 52, no. 4 (2016): 483–97.

"Measles Cases and Outbreaks." Centers for Disease Control and Prevention, updated May 3, 2021, https://www.cdc.gov/measles/cases-outbreaks.html.

Medhora, Shalailah. "'Nope, Nope, Nope': Tony Abbott Says Australia Will Take No Rohingyha Refugees." *The Guardian*, May 20, 2015, http://www.theguardian.com/world/2015/may/21/nope-nope-nope-tony-abbott-says-australia-will-take-no-rohingya-refugees.

"Median Age at First Marriage of Grooms and Brides by Educational Qualification, Annual." Government of Singapore, 2019, https://data.gov.sg/dataset/median-age-at-first-marriage-of-grooms-and-brides-by-educational-qualification-annual.

Meek, Ronald L., ed. *Marx and Engels on the Population Bomb: Selections from the Writings of Marx and Engels Dealing with the Theories of Thomas Robert Malthus*. London: Ramparts Press, 1953.

Merkle, Christoph, Philipp Schreiber, and Martin Weber. "Framing and Retirement Age: The Gap between Willingness-to-Accept and Willingness-to-Pay." *Economic Policy* 32 (2017): 757–809.

Michelena, Liliana. "Protests against President Disrupt Brazil's Major Cities." *Associated Press*, June 30, 2017, https://apnews.com/article/michel-temer-brazil-rio-de-janeiro-caribbean-strikes-b35d78ac7c4645a895adfc4eff7851f9.

Miller, Claire Cain. "Women's Gains in the Work Force Conceal a Problem." *New York Times*, January 21, 2021, https://www.nytimes.com/2020/01/21/upshot/womens-gains-in-the-work-force-conceal-a-problem.html.

Mills, Greg. "Strategic Dilemmas: Rewiring Africa for a Teeming, Urban Future." *PRISM* 6, no. 4 (2017): 46–63.

Mineo, Liz. "Forcing the UN to Do Right by Haitian Cholera Victims." *Harvard Gazette*, 2020, https://news.harvard.edu/gazette/story/2020/10/a-decade-of-seeking-justice-for-haitian-cholera-victims/.

Moller, Herbert. "Youth as a Force in the Modern World." *Comparative Studies in Society and History* 10, no. 3 (1968): 237–60.

Moorehead, Caroline. *Human Cargo: A Journey among Refugees*. New York: Picador, 2006.

Morin, Rebecca, and Matthew Brown. "Migrant Encounters up 71% in March as Biden Administration Grapples with Border." *USA Today*, April 8, 2021, https://www.usatoday.com/story/news/politics/2021/04/08/migrants-border-were-up-march-biden-grapples-immigration/7130399002/.

Mubarak, Hosni. "President Hosni Mubarak on Egypt's Population." *Population & Development Review* 34, no. 3 (2008): 583–86.

Müller, Christopher, and Nina Kutzbach. "World Robotics 2020." Frankfurt am Main, Germany: Industrial Robots, IFR Statistical Department, VDMA Services GmbH, 2020.

Murphy, Caryle. "Saudi Arabia's Youth and the Kingdom's Future." Occasional Paper Series. Washington, DC: Middle East Program, Woodrow Wilson International Center for Scholars, 2011.

Murray, Christopher J.L.. "The State of US Health, 1990-2016: Burden of Diseases, Injuries, and Risk Factors among US States." *Journal of the American Medical Association* 319, no. 14 (2018): 1444–72.

Neuman, Scott. "Why No One Wants the Rohingyas." NPR, May 15, 2015, http://www.npr.org/sections/thetwo-way/2015/05/15/407048785/why-no-one-wants-the-rohingyas.

Newman, David. "Population as Security: The Arab-Israeli Struggle for Demographic Hegemony." In *Redefining Security: Population Movements and National Security*, edited by Nana Poku and David T. Graham, 163–86. Westport, CT: Praeger, 1998.

Nikolayenko, Olena. "The Revolt of the Post-Soviet Generation: Youth Movements in Serbia, Georgia, and Ukraine." *Comparative Politics* 39, no. 2 (2007): 169–88.

Noakes, Jeremy. "Hitler and 'Lebensraum' in the East." *BBC*, March 30, 2011, http://www.bbc.co.uk/history/worldwars/wwtwo/hitler_lebensraum_01.shtml.

Nunn, N. "The Long-Term Effects of Africa's Slave Trades." *Quarterly Journal of Economics* 123, no. 1 (2008): 139–76, https://doi.org/10.1162/qjec.2008.123.1.139

OECD. *Ageing and Employment Policies—Statistics on Average Effective Age of Retirement*. OECD, 2018, https://www.oecd.org/els/emp/average-effective-age-of-retirement.htm.

———. "Average Effective Age of Retirement Versus the Normal Age in 2018 in OECD Countries." Paris: OECD, 2019.

———. *Investing in Youth: Korea*. Paris: OECD, 2019. https://doi.org/10.1787/4bf4a6d2-en.

———. "OECD Databases on Migration." Paris: OECD (n.d.).

———. "OECD Family Database." Paris, OECD, 2020. https://www.oecd.org/els/family/database.htm.

———. *Pensions at a Glance 2017: OECD and G20 Indicators*. Paris, OECD Publishing, 2017, https://dx.doi.org/10.1787/pension_glance-2017-en.

———. *Pensions at a Glance 2019: OECD and G20 Indicators*. Paris: OECD Publishing, 2019, https://doi.org/10.1787/b6d3dcfc-en.

———. "Sf2.3: Age of Mothers at Childbirth and Age-Specific Fertility." Paris: OECD, 2017.

———. "Sf2.4: Share of Births Outside of Marriage." Paris: OECD, 2016.

Oeppen, Jim, and James W. Vaupel. "Broken Limits to Life Expectancy." *Science* 296, no. 5570 (2002): 1029–31.

Pew Research Center. *Europe's Growing Muslim Population*. Washington, DC: Pew Research Center, 2017.

———. *The Whys and Hows of Generations Research*. Washington, DC: Pew Research Center, 2015, http://www.people-press.org/2015/09/03/the-whys-and-hows-of-generations-research/.

Pham, Kimberly. "The Vietnamese-American Nail Industry: 40 Years of Legacy." *Nails Magazine*, December 29, 2015, https://www.nailsmag.com/vsarticle/117757/the-vietnamese-american-nail-industry-40-years-of-legacy.

Philippine Statistics Authority. "2017 Survey on Overseas Filipinos (Results from the 2017 Survey on Overseas Filipinos)." Philippine Statistics Authority, updated May, 18, 2018, https://psa.gov.ph/content/2017-survey-overseas-filipinos-results-2017-survey-overseas-filipinos.

Phillips, Janet. *Boat Arrivals and Boat 'Turnbacks' in Australia since 1976: A Quick Guide to the Statistics*. Sydney: Commonwealth of Australia, 2017, https://www.aph.gov.au/About_Parliament/Parliamentary_Departments/Parliamentary_Library/pubs/rp/rp1617/Quick_Guides/BoatTurnbacks.

Pickles, Dorothy. "France in 1968: Retrospect and Prospect." *World Today* 24, no. 9 (1968): 393–402.

"Population by Migration Status." Federal Statistical Office, Switzerland, https://www.bfs.admin.ch/bfs/en/home/statistics/population/migration-integration/by-migration-status.html.

"Population by Religious Community." Office of the Registrar General & Census Commissioner, India, Ministry of Home Affairs, Government of India, http://censusindia.gov.in/2011census/C-01.html.

"Population of Israel on the Eve of 2021." Israel Central Bureau of Statistics, News Release, December 31, 2020, https://www.cbs.gov.il/en/mediarelease/pages/2020/population-of-israel-on-the-eve-of-2021.aspx.

"Population Projections for Japan (2016-2065): Summary." National Institute of Population and Social Security Research, accessed May 3, 2021, http://www.ipss.go.jp/pp-zenkoku/e/zenkoku_e2017/pp_zenkoku2017e_gaiyou.html.

Population Reference Bureau. "2019 World Population Data Sheet." Washington, DC: Population Reference Bureau, 2019.

———. "2020 World Population Data Sheet." Washington, DC: Population Reference Bureau, 2020, https://www.prb.org/wp-content/uploads/2020/07/letter-booklet-2020-world-population.pdf.

———. "Family Planning Data." Washington, DC: Population Reference Bureau (n.d.), https://www.prb.org/fpdata.

———. "U.S. Indicators." Washington, DC: Population Reference Bureau, 2021, https://www.prb.org/usdata/indicator/fertility/snapshot.

"Population Statistics." Statistics Sweden, Population and Economic Welfare Statistics Unit, 2021, https://www.scb.se/en/finding-statistics/statistics-by-subject-area/population/population-composition/population-statistics/.

Putin, Vladimir. "Vladimir Putin on Raising Russia's Birth Rate." *Population & Development Review* 32, no. 2 (2006): 385–88.

"Putin's Trust Rating Falls to New Low Amid Far East Protests." *Moscow Times*, July 29, 2020, https://www.themoscowtimes.com/2020/07/29/putins-trust-rating-falls-to-new-low-amid-far-east-protests-a71012.

Rao, Mohan. "Love Jihad and Demographic Fears." *Indian Journal of Gender Studies* 18, no. 3 (2011): 425–30.

"Remittances to Somalia." Oxfam (n.d.), https://policy-practice.oxfamamerica.org/work/in-action/remittances-to-somalia/.

Riddle, John M., ed. *Contraception and Abortion from the Ancient World to the Renaissance*. Cambridge, MA: Harvard University Press, 1992.

Risley, Amy. *The Youngest Citizens: Children's Rights in Latin America*. Latin American Tópicos, edited by Michael LaRosa. New York: Routledge, 2019.

"Robert Koch 1843-1910." Science Museum Group, 2020, http://broughttolife.sciencemuseum.org.uk/broughttolife/people/robertkoch.

Robinson, James A. "Botswana as a Role Model for Country Success." In *Achieving Development Success: Strategies and Lessons from the Developing World*, edited by Augustin K. Fosu, 187–203. Oxford: Oxford University Press, 2013.

Rodrick, Dani. *Premature Deindustrialization*. Cambridge, MA: National Bureau of Economic Research, 2015, https://www.nber.org/system/files/working_papers/w20935/w20935.pdf.

Rydell, Anders. *The Book Thieves: The Nazi Looting of Europe's Libraries and the Race to Return a Literary Inheritance*. Translated by Henning Koch. New York: Viking, 2017.

Sadot, Uri. "Israel's 'Demographic Time Bomb' Is a Dud." *Foreign Policy*, December 18, 2013, http://foreignpolicy.com/2013/12/18/israels-demographic-time-bomb-is-a-dud/.

Sambira, Jocelyne. "Africa's Mobile Youth Drive Change." *Africa Renewal* (May 2013), https://www.un.org/africarenewal/magazine/may-2013/africa's-mobile-youth-drive-change.

Schwab, Klaus. *The Fourth Industrial Revolution*. New York: Crown Business, 2016.

Sciubba, Jennifer Dabbs. "Coffins Versus Cradles: Russian Population, Foreign Policy, and Power Transition Theory." *International Area Studies Review* 7, no. 2 (2014): 205–21.

———. "Rhetoric and Action on Aging in Germany, Italy, and Japan: Party Platforms and Labor Policies in the World's Oldest Democracies." In *Ageing Population in Postindustrial Democracies*, edited by Pieter Vanhuysse and Achim Goerres, 54–78. Abingdon, UK: Routledge, 2011.

———. *The Future Faces of War: Population and National Security*. Santa Barbara: Praeger Security International/ABC-CLIO, 2011.

Sellström, Tor, and Lennart Wohlgemuth. *Historical Perspective: Some Explanatory Factors*. Joint Evaluation of Emergency Assistance to Rwanda, 1996, https://www.oecd.org/derec/unitedstates/50189653.pdf.

Semple, Kirk. "Mexico Once Saw Migration as a U.S. Problem. Now It Needs Answers of Its Own." *New York Times*, December 5, 2018, https://www.nytimes.com/2018/12/05/world/americas/mexico-migrants.html.

"Share of Youth Not in Employment, Education or Training (Neet) by Sex—ILO Modelled Estimates, Nov. 2019: Annual." Edited by International Labour Organization. ILOSTAT database, 2020.

Skodo, Admir. "Sweden: By Turns Welcoming and Restrictive in Its Immigration Policy." Migration Policy Institute, December 6, 2018, https://www.migrationpolicy.org/article/sweden-turns-welcoming-and-restrictive-its-immigration-policy.

Smith, Kate. "Asylum Denials Hit Record-High in 2018 as Trump Administration Tightens Immigration Policy." *CBS News*, December 4, 2018, https://www.cbsnews.com/news/asylum-seekers-asylum-denials-hit-record-high-in-2018-as-trump-administration-tightens-immigration-policy-as-the-caravan-arrives/.

Sobotka, Tomáš. "Fertility in Central and Eastern Europe after 1989: Collapse and Gradual Recovery." *Historical Social Research* 36, no. 2 (2011): 246–96.

———. "Post-Transitional Fertility: The Role of Childbearing Postponement in Fueling the Shift to Low and Unstable Fertility Levels." *Journal of Biosocial Science* 49, no. S1 (2017): S20–S45.

"Speech: President Museveni's National Address." Uganda Media Centre Blog, updated September 9, 2018, https://ugandamediacentreblog.wordpress.com/2018/09/09/speech-president-musevenis-national-address/.

Squires, D., and C. Anderson. "U.S. Health Care from a Global Perspective: Spending, Use of Services, Prices, and Health in 13 Countries." *Issue Brief (Commonwealth Fund)* 15 (2015): 1–15.

Starodubov, Vladimir, Laurie B. Marczak, Elena Varavikova, et al. [GBD 2016 Russia Collaborators]. "The Burden of Disease in Russia from 1980 to 2016: A Systematic Analysis for the Global Burden of Disease Study 2016." *Lancet* 392, no. 10153 (2018): 1138–46.

Statistics Canada. "Immigrant Population in Canada, 2016 Census of Population." Statistics Canada, October 25, 2017, https://www150.statcan.gc.ca/n1/pub/11-627-m/11-527-m2017028-eng.htm.

Statistics Korea. *Population Projections for Korea (2017~2067)*. Statistics Korea, March 28, 2019, http://kostat.go.kr/portal/eng/pressReleases/8/8/index.board?bmode=read&bSeq=&aSeq=375684&pageNo=1&rowNum=10&navCount=10&currPg=&searchInfo=&sTarget=title&sTxt=.

SteelFisher, Gillian K., Robert J. Blendon, Mark M. Bekheit, and Keri Lubell. "The Public's Response to the 2009 H1N1 Influenza Pandemic." *New England Journal of Medicine* 310, no. 3 (2010): e65.

Stone, Lyman. "African Fertility Is Right Where It Should Be." Institute for Family Studies, October 29, 2018, https://ifstudies.org/blog/african-fertility-is-right-where-it-should-be.

Strand, Håvard, Henrik Urdal, and Isabelle Côté. "Ethnic Census Taking, Instability, and Armed Conflict." In *People Changing Places: New Perspectives on Demography, Migration, Conflict, and the*

State, edited by Isabelle Côté, Matthew I. Mitchell, and Monica Duffy Toft, 66–85. London: Routledge, 2019.

Suzuki, Sotaro. "South Korean Population on Cusp of Steep Decline." *Nikkei Asian Review*, March 29, 2019, https://asia.nikkei.com/Economy/South-Korean-population-on-cusp-of-steep-decline.

Szreter, Simon. "Marx on Population: A Bicentenary Celebration." *Population & Development Review* 44, no. 4 (2018): 745–69.

Teitelbaum, Michael S., and Jay Winter. *A Question of Numbers: High Migration, Low Fertility, and the Politics of National Identity*. New York: Hill and Wang, 1998.

Tetlock, Philip, and Dan Gardner. *Superforecasting: The Art and Science of Prediction*. New York: Crown Publishers, 2016.

"The Number of International Migrants Reaches 272 Million, Continuing an Upward Trend in All World Regions, Says UN." United Nations News Release, September 17, 2019, https://www.un.org/development/desa/en/news/population/international-migrant-stock-2019.html.

"The Stolen Generations." Australians Together (n.d.), https://australianstogether.org.au/discover/australian-history/stolen-generations/.

Thompson, Gavin, Oliver Hawkins, Aliyah Dar, and Mark Taylor. "Olympic Britain: Social and Economic Change since the 1908 and 1948 London Games." London: House of Commons Library, 2012.

Tikkanen, Roosa, and Melinda K. Abrams. "U.S. Health Care from a Global Perspective, 2019: Higher Spending, Worse Outcomes?" Commonwealth Fund, https://www.commonwealthfund.org/publications/issue-briefs/2020/jan/us-health-care-global-perspective-2019.

Toft, Monica Duffy. *The Geography of Ethnic Violence*. Princeton, NJ: Princeton University Press, 2003.

———. "Wombfare: Religious and Political Dimensions of Fertility and Demographic Change." In *Political Demography: Interests, Conflict and Institutions*, edited by Jack A. Goldstone, Monica Duffy Toft, and Eric Kaufmann, 213–25. Basingstoke, UK: Palgrave Macmillan, 2011.

Traister, Rebecca. *All the Single Ladies: Unmarried Women and the Rise of an Independent Nation*. New York: Simon & Schuster, 2016.

Truth and Reconciliation Commission of Canada. "Honouring the Truth, Reconciling for the Future: Summary of the Final Report of the Truth and Reconciliation Commission of Canada," 2015, https://publications.gc.ca/site/eng/9.800288/publication.html.

Tsuya, Noriko O. *Low Fertility in Japan—No End in Sight*. Honolulu: East-West Center, June 2017.

Twigg, Judy. "Vaccine Dreams and Russian Reality." ThinkGlobalHealth.org, August 12, 2020, https://www.thinkglobalhealth.org/article/vaccine-dreams-and-russian-reality.

"Unemployment Rate by Sex and Age—ILO Modelled Estimates Nov. 2019 (%): Annual." Edited by International Labour Organization. ILOSTAT database, 2020.

UN General Assembly. "Draft Convention Relating to the Status of Refugees." New York: UN General Assembly, 1950.

UN-HABITAT. *State of the World's Cities 2010/2011: Bridging the Urban Divide*. London: Earthscan for UN-HABITAT, 2010.

UNHCR. "Africa: African Union." UNHCR (n.d.), https://www.unhcr.org/en-us/africa.html.

———. "Figures at a Glance." UNHCR (n.d.), https://www.unhcr.org/en-us/figures-at-a-glance.html.

———. "Internally Displaced People." UNHCR (n.d.), https://www.unhcr.org/en-us/internally-displaced-people.html.

———. "Syrian Regional Refugee Response: Inter-Agency Information Sharing Portal." UNHCR, updated April 30, 2021, https://data2.unhcr.org/en/situations/syria.

UNICEF. *Ending Child Marriage: A Profile of Progress in Ethiopia*. New York: UNICEF, 2018, https://www.unicef.org/ethiopia/sites/unicef.org.ethiopia/files/2018-10/Child%20Marriage%20Ethiopia-%20online-%20version_0.pdf.

———. "UNICEF Data." New York: UNICEF, May 5, 2020, https://data.unicef.org/country/hti/.

United Nations. "The United Nations in Yemen." United Nations, 2021, https://yemen.un.org/en/about/about-the-un.

United Nations, Department of Economic and Social Affairs. *Government Response to Low Fertility in Japan*. New York: UN DESA, Population Division and East-West Center, 2015.

———. *International Migration Report 2017: Highlights*. New York: United Nations, 2017.

———. *The World's Cities in 2018*. New York: United Nations, 2018.

United Nations, Department of Economic and Social Affairs, Population Division. *International Migration Report 2013*. New York: United Nations, 2013, https://www.un.org/en/development/desa/population/publications/pdf/migration/migrationreport2013/Full_Document_final.pdf.

———. "Key Facts: World Urbanization Prospects: The 2018 Revision." New York: United Nations, 2018, https://population.un.org/wup/Publications/Files/WUP2018-KeyFacts.pdf.

———. "The Speed of Urbanization around the World." In *POPFACTS*. New York: United Nations, 2018.

———. *United Nations Demographic Yearbook 2018*. New York: United Nations, 2019.

———. *United Nations: World Population Prospects: The 2004 Revision*. New York: United Nations, 2005, http://pratclif.com/demography/unitednations-world-population%20rev%202004.htm.

———. *World Population Prospects: The 2019 Revision*. New York: United Nations, 2019.

———. *World Population Prospects 2019 Highlights*. New York: United Nations, 2019.

———. *World Urbanization Prospects: The 2018 Revision*. New York: United Nations, 2019.

United Nations, Office for the Coordination of Humanitarian Affairs. "Under-Secretary-General for Humanitarian Affairs/Emergency Relief Coordinator Stephen O'Brien: Statement to the Security Council on Missions to Yemen, South Sudan, Somalia and Kenya and an Update on the Oslo Conference on Nigeria and the Lake Chad Region." ReliefWeb, March 10, 2017, https://reliefweb.int/report/yemen/under-secretary-general-humanitarian-affairs emergency-relief-coordinator-stephen-o

United Nations Office on Drugs and Crime. *Global Report on Trafficking in Persons*. New York: United Nations, 2016.

———. *Global Report on Trafficking in Persons 2020*. Vienna: United Nations Office on Drugs and Crime, 2020.

———. "Human Trafficking and Migrant Smuggling." UN Office on Drugs and Crime (n.d.), https://www.unodc.org/unodc/human-trafficking/.

United Nations Population Fund. "United Kingdom of Great Britain and Northern Ireland" (n.d.), https://www.unfpa.org/data/donor-contributions/united-kingdom.

United Nations Relief and Works Agency for Palestine Refugees in the Near East. "Who We Are," 2021, https://www.unrwa.org/who-we-are 2021.

US Census Bureau. "Historical Marital Status Tables." US Census Bureau, December 2020, https://www.census.gov/data/tables/time-series/demo/families/marital.html.

———. "International Data Base." US Census Bureau, 2021, https://www.census.gov/data-tools/demo/idb/.

US Customs and Border Protection. "Southwest Border Unaccompanied Alien Children Fy2014." US Customs and Border Protection, updated November 24, 2015, http://www.cbp.gov/newsroom/stats/southwest-border-unaccompanied-children/fy-2014.

"Venezuela Situation." UNHCR, https://www.unhcr.org/en-us/venezuela-emergency.html.

Villarosa, Linda. "Why America's Black Mothers and Babies Are in a Life-or-Death Crisis." *New York Times Magazine*, April 11, 2018, https://www.nytimes.com/2018/04/11/magazine/black-mothers-babies-death-maternal-mortality.html.

"Vital Statistics of the United States, 2003, Volume I, Natality." Centers for Disease Control and Prevention, 2005, https://www.cdc.gov/nchs/products/vsus/vsus_1980_2003.htm.

Vogl, Anthea. "Over the Borderline: A Critical Inquiry into the Geography of Territorial Excision and the Securitisation of the Australian Border." *UNSW Law Journal* 38, no. 1 (2015): 114.

Vonnegut, Kurt. "Tomorrow and Tomorrow and Tomorrow." In *Welcome to the Monkey House*, 315–31. New York: Dial Press, 2006.

Wang, Hansi Lo. "How the 2020 Census Citizenship Question Ended up in Court." NPR, November 4, 2018, https://www.npr.org/2018/11/04/661932989/how-the-2020-census-citizenship-question-ended-up-in-court.

Waugh, Colin M. *Paul Kagame and Rwanda: Power, Genocide and the Rwandan Patriotic Front*. Jefferson, NC: McFarland & Company, 2004.

Weiner, Myron, and Michael S. Teitelbaum. *Political Demography, Demographic Engineering*. New York: Berghahn Books, 2001.

"What's Behind Saudi Arabia's Pivot Away from Foreign Workers." *World Politics Review*, August 16, 2019, https://www.worldpoliticsreview.com/insights/28129/pushing-for-a-saudization-of-its-workforce-saudi-arabia-pivots-away-from-foreign-workers.

"What Effect Does Social Security Have on Poverty?" Fiscal Blog, Peter G. Peterson Foundation, September, 10, 2018, https://www.pgpf.org/blog/2018/09/what-effect-does-social-security-have-on-poverty.

"What Is the Economic Cost of Covid-19?" *The Economist*, January 7, 2021, https://www.economist.com/finance-and-economics/2021/01/09/what-is-the-economic-cost-of-covid-19.

White, Roger. *Immigration Policy and the Shaping of U.S. Culture: Becoming America*. Cheltenham, UK: Edward Elgar, 2018.

Williams, Rebecca Jane. "Storming the Citadels of Poverty: Family Planning under the Emergency in India, 1975–1977." *Journal of Asian Studies* 73, no. 2 (2014): 471–92.

Winter, Jay, and Michael Teitelbaum. *The Global Spread of Fertility Decline: Population, Fear, and Uncertainty*. New Haven, CT: Yale University Press, 2013.

Woetzel, Jonathan. "Tackling the World's Affordable Housing Challenge." McKinsey & Company, 2014.

Woolf, Steven H., and Laudan Aron. "Failing Health of the United States." *British Medical Journal* 360 (2018): k496.

World Bank. "World Development Indicators." World Bank (n.d.), https://data.worldbank.org.

World Health Organization. *Alcohol Policy Impact Case Study. The Effects of Alcohol Control Measures on Mortality and Life Expectancy in the Russian Federation*. Copenhagen: WHO Regional Office for Europe, 2019.

———. *Bugs, Drugs & Smoke: Stories from Public Health*. Geneva: World Health Organization, 2011.

———. *Cholera Situation in Yemen*. Cairo, Egypt: World Health Organization, Regional Office for the Eastern Mediterranean, December 2020.

———. "Drones Take Rwanda's National Blood Service to New Heights." World Health Organization, https://www.who.int/news-room/feature-stories/detail/drones-take-rwandas-national-blood-service-to-new-heights.

———. "Family Planning/Contraception Methods." World Health Organization, https://www.who.int/news-room/fact-sheets/detail/family-planning-contraception.

———. *HIV/AIDS Key Facts*. Geneva: World Health Organization, November 30, 2020, https://www.who.int/news-room/fact-sheets/detail/hiv-aids.

———. *Polio Endgame Strategy 2019-2023: Eradication, Integration, Certification and Containment*. Geneva: World Health Organization, 2019, https://polioeradication.org/wp-content/uploads/2019/06/english-polio-endgame-strategy.pdf.

———. "Statue Commemorates Smallpox Eradication." WHO News Release, May 17, 2010, https://www.who.int/mediacentre/news/notes/2010/smallpox_20100517/en/.

———. "Trends in Maternal Mortality: 1990 to 2015: Estimates by WHO, UNICEF, UNFPA, World Bank Group and the United Nations Population Division." Geneva: World Health Organization, 2015.

———. "WHO Declares End of Ebola Outbreak in Nigeria." WHO News Release, October 29, 2014, https://www.who.int/mediacentre/news/statements/2014/nigeria-ends-ebola/en/.

———. "World Health Statistics Overview 2019: Monitoring Health for the SGDs, Sustainable Development Goals." Geneva: World Health Organization, 2019.

———. "World Health Statistics 2020: Monitoring Health for the SDGs." Geneva: World Health Organization, 2020.

World Health Organization Africa. "The Ebola Outbreak in Liberia." World Health Organization Africa, https://www.afro.who.int/news/ebola-outbreak-liberia-over.

"Year-on-Year Increase of 4.4% in the Population with a Migrant Background in 2017." Statistisches Bundesamt News Release, August 1, 2018, https://www.destatis.de/EN/Press Services/Press/pr/2018/08/PE18_282_12511.html.

Yglesias, Matthew. *One Billion Americans: The Case for Thinking Bigger*. New York: Portfolio/Penguin, 2020.

Yoon, Young-sil. "S. Korea's Total Fertility Rate Falls Below 1." *BusinessKorea*, August 29, 2019, http://www.businesskorea.co.kr/news/articleView.html?idxno=35471.

"Youth, Women's Rights, and Political Change in Iran." Population Reference Bureau, 2009, http://www.prb.org/Articles/2009/iranyouth.aspx.

Zhong, Raymond. "For Poor Countries, Well-Worn Path to Development Turns Rocky." *Wall Street Journal*, November 24, 2015, http://www.wsj.com/articles/for-poor-countries-well-worn-path-to-development-turns-rocky-1448374298?tesla=y.

Ziegler, Philip. "Germany: The Flagellants and the Persecution of the Jews." In *The Black Death: A Turning Point in History?*, edited by William M. Bowsky, 65–79. New York: Holt, Rinehart and Winston, 1971.